AF628742

Es färbte sich die Wiese grün …

Es färbte sich die Wiese grün
Und um die Hecken sah ich blühn,
Tagtäglich sah ich neue Kräuter,
Mild war die Luft, der Himmel heiter.
Ich wusste nicht, wie mir geschah,
Und wie das wurde, was ich sah.

Und immer dunkler ward der Wald,
Auch bunter Sänger Aufenthalt,
Es drang mir bald auf allen Wegen
Ihr Klang in süßem Duft entgegen.
Ich wusste nicht, wie mir geschah,
Und wie das wurde, was ich sah.

Es quoll und trieb nun überall
Mit Leben, Farben, Duft und Schall,
Sie schienen gern sich zu vereinen,
Dass alles möchte lieblich scheinen.
Ich wusste nicht, wie mir geschah,
Und wie das wurde, was ich sah …

NOVALIS (1772 – 1801)

Täglich seh' ich neue Kräuter

Monika Engelmann

Täglich seh' ich neue Kräuter

Kraft schöpfen aus Garten, Wald und Wiese

HERDER

FREIBURG · BASEL · WIEN

Danke Klaus, mein Seelenverwandter!

Inhalt

Frühling

**– la primavera, springtime, le printemps –
was für ein Wort der Hoffnung und des Wandels für alle Menschen, die das Glück haben, in unseren Breiten leben zu dürfen**

Endlich erreicht uns die Sonne wieder und elektrisiert alles Lebendige. Durch die längere und intensivere Helligkeit werden verstärkt Glückshormone, wie Serotonin und Dopamin ausgeschüttet. Schnell stellt sich eine Euphorie ein, die bei vielen Frühlingsgefühle auslöst.

Ein neuer Lebenszyklus beginnt

Für die Pflanzenwelt bedeutet es viel mehr: eine vollkommene Erneuerung. Es beginnt ein Wettrennen nach Licht und Wärme. Viele, wie das Schneeglöckchen, können es gar nicht erwarten und treiben schon durch den Schnee aus. Andere, wie die Hasel, blühen oftmals schon im Februar und ärgern durch die Windbestäubung so manche Allergikernase. Die meisten sind allerdings auf die tatkräftige Mithilfe von Abermillionen tierischer Bestäubungshelfer wie Bienen, Hummeln, Fliegen, Schmetterlinge und anderen Insekten angewiesen. Auch für sie beginnt ein neuer Zyklus des Lebens und der Fortpflanzung. Die Wildbienen verlassen wie auf ein Kommando ihre Überwinterungsverstecke und geben sich neben der Nahrungsaufnahme einem einzigen bacchantischen Treiben hin.

Für sie bedeutet das gleichzeitige Aufblühen vieler Blumen und Kräuter ein totales Überangebot an leckeren Pollen und Nektar. Wir sollten es den Tieren, die es nach draußen drängt, gleichtun und unbedingt unsere natürliche Umgebung erkunden.

Das Wunder vor unserer Haustür

Wer das Glück hat, einen frühlingshaften Auwald zu finden, wird das Bild, das sich ihm bietet, nie wieder vergessen. Durch die noch blattlosen Buchen, Eichen oder Erlen erreichen die Sonnenstrahlen ungehindert den Waldboden und führen zu einer unglaublichen Blütenpracht. Teppiche von leuchtend violetten Blüten, die dann in ein Meer von weißen oder gelben Knospen übergehen. Dazwischen schon einzelne, kräftig grüne Bärlauchblätter und ein erstes, zart schimmerndes Grün an einzelnen Baumzweigen. Es ist ein einziger Farbenrausch, der nur noch durch den frischen Duft des Waldes und das Summen der Insekten gesteigert wird.

Man ist sofort an Impressionen à la Claude Monet erinnert und nimmt sich vor, den Rat der Teresa von Àvila »Tu deinem Leib des Öfteren etwas Gutes, damit deine Seele Lust hat, darin zu wohnen« häufiger zu beherzigen.
Das Herz geht einem auf und Franz von Assisis Gleichstellung aller Lebewesen kommt einem in den Sinn: »Alle Geschöpfe der Erde fühlen wie wir, alle Geschöpfe streben nach Glück wie wir. Alle Geschöpfe der Erde lieben, leiden und sterben wie wir, also sind sie uns gleich gestellte Werke des allmächtigen Schöpfers – unsere Brüder.«

Mit der Kraft der Pflanzen Seele und Körper aufwecken

Für mich als Kind, das in einem großen Nutzgarten aufwachsen durfte, war es schon immer faszinierend, das Werden und Vergehen, das Säen und das Ernten zu erleben. Besonders beeindruckend fand ich diese im Frühling sich zeigende Urkraft, die die kahlen Pflanzen und Böden in blühende und grüne Schönheiten verwandelt. Mit zunehmenden Alter machte ich mir mehr und mehr Gedanken über die Bedeutung der Pflanzen und mit ihnen natürlich auch über die Rolle der Tiere für unser Leben und für das Leben unserer Vorfahren. Nachfragen bei alten Leuten förderten Märchen, Sagen und Überlieferungen zutage, die uns heute noch bezaubern. Nicht lange vor meiner Geburt zogen die Männer vom Land noch ehrfurchtsvoll ihren Hut, wenn sie an einem Hollerbusch vorbeigingen – dies zu einer Zeit, als schon Dieselrösser die Äcker pflügten. Und dann begeistern natürlich auch die Dichter und Poeten, die es mit ihrer Kunst schaffen, die Gefühle, die Stimmungen, die Farben, die Gerüche, die Laute des Frühlings in wundervolle Worte und Sätze zu packen. Für mich ist das pure Schönheit und Glück, die ich gerne durch dieses Buch weitergeben möchte.

Sie halten hier eine Sammlung heimischer Wildpflanzen in den Händen, deren positive Eigenschaften schon von unseren Vorfahren geschätzt und angewandt wurden. Wie wir die Kraft des Frühlings das ganze Jahr über für unser Wohlbefinden nutzen können, zeige ich anhand von Tipps, altem Wissen und Rezepten. So können Sie die vielfältigen Möglichkeiten, die uns die Natur in unmittelbarer Nähe bietet, entdecken und genießen.

Ah! Wie die buttergelbe Sonne
uns wärmend durch die Poren dringt!
Wie neu erwachte Frühlingswonne
uns das vergrämte Herz beschwingt!
Dem wintermüden Menschentume
erheitert ihr die Fantasie,
Schneeglöckchen, Veilchen, Schlüsselblume
und was auf Wiesen sonst gedieh!
Im Mistbeet herrscht ein reges Leben;
Das drängt sich an das helle Licht
und will uns bald Gemüse geben,
will Zutat sein zum Leibgericht.
Und wie sich froh den Hühnersteißen
entringt das liebe Osterei!
So mag sich die Natur befleißen,
dass sie nebst schön auch schmackhaft sei.
Das Starkbier regelt dann die Stühle,
wenn Hertling spricht, ist's ebenso,
man sitzt im Frühlingslustgefühle
und wird im Sitzen lebensfroh.

LUDWIG THOMA (1867 – 1921)

Märzveilchen

(Viola odorata L.)

regionale Volksnamen:
Wohlriechendes Veilchen, Duftveilchen, Heckenveilchen, Marienstengel, Osterveigerl, Schwalbenblume

»fröhlich, bescheiden, rein, hoffnungsbringend«

Die drei ersten Veilchenblüten des Jahres unbedingt aufessen. Ein alter Volksglaube versichert, auf diese Weise ein Jahr lang wirkungsvoll gegen Fieber geschützt zu sein. Außerdem soll es auch noch Glück bringen. Wer mag da noch zögern? Sobald der Schnee an sonnenverwöhnten Gehölzrändern geschmolzen ist, sind die ersten Märzveilchen des Jahres zu finden. In alten Zeiten eine hoffnungsbringende Entdeckung, denn das Veilchen kündet als Frühlingsbote vom endgültigen Ende der kalten Jahreszeit.

Das Märzveilchen ist das wohlriechende Sinnbild für Frühling und Hoffnung.

Die Kinder haben die Veilchen gepflückt,
all, all, die da blühten am Mühlengraben.
Der Lenz ist da; sie wollen ihn fest
in ihren kleinen Fäusten haben.

THEODOR STORM (1817 – 1888)

Da das Veilchen sehr wichtig als Heilpflanze und für rituell-religiöse Handlungen war, wurde es schon in der Antike von den Menschen geschätzt und als Gartenpflanze kultiviert. Es steht für Jungfräulichkeit, Demut, Bescheidenheit, Anstand und das Paradies.

Er ist's

Frühling lässt sein blaues Band
Wieder flattern durch die Lüfte;
Süße, wohlbekannte Düfte
Streifen ahnungsvoll das Land.
Veilchen träumen schon,
Wollen balde kommen.
– Horch von fern ein leiser Harfenton!
Frühling, ja du bist's!
Dich hab ich vernommen!

EDUARD MÖRIKE (1804 – 1875)

Das Veilchen

Ein Veilchen auf der Wiese stand
Gebückt in sich und unbekannt;
Es war ein herzig's Veilchen.
Da kam eine junge Schäferin,
Mit leichtem Schritt und munterm Sinn,
Daher, daher,
Die Wiese her, und sang.

Ach! denkt das Veilchen, wär ich nur
Die schönste Blume der Natur,
Ach, nur ein kleines Weilchen,
Bis mich das Liebchen abgepflückt
Und an dem Busen matt gedrückt!
Ach nur, ach nur
Ein Viertelstündchen lang!

Ach! aber ach! das Mädchen kam
Und nicht in acht das Veilchen nahm,
Ertrat das arme Veilchen.
Es sank und starb und freut' sich noch:
Und sterb' ich denn, so sterb' ich doch
Durch sie, durch sie,
Zu ihren Füßen doch.

JOHANN WOLFGANG VON GOETHE (1749 – 1832)

Auch die Entstehungsmythologie wird dem lieblichen Charakter der Blume gerecht: Der Schwerenöter Zeus verwandelte die Nymphe Io als Schutz vor der eifersüchtigen Hera in eine bezaubernde, junge Kuh und ließ für sie eine ganze Wiese duftender Veilchen erblühen. Einzig diese Pflanze war eine ihrer Schönheit angemessene Speise.

Welche magischen Inhaltsstoffe birgt diese Pflanze nur in sich, die uns jedes Jahr im März und April mit ihren duftenden, lila Blüten so berauscht?
Es finden sich unter anderem viel Saponine, Bitterstoffe, ätherisches Öl, Alkaloide und Flavonoide im Veilchen. Volksheilkundlich wird seine schleimlösende Wirkung schon lange bei Bronchialkatarrhen genutzt. Der Duft gilt als entspannend und stressabbauend.

Bereits Hildegard von Bingen (1098 – 1179) empfahl das schon von Hippokrates und

Dioscurides (1. Jhd. n. Chr.) verwendete Heilkraut: *»Und wer an dreitägigem Fieber leidet, der nehme Veilchen und zu dessen dritten Teil Wegerich und Pfefferkraut, zweimal so viel wie Wegerich, und diese Kräut-lein esse er häufig mit Essig oder gebratenem Salz.«*

Die Lieblingspflanze Napoleon Bonapartes, nachdem ihm seine spätere Frau Josephine de Beauharnais beim Kennenlernen einen Veilchenstrauß zugeworfen hatte, bietet aber auch in der Küche, hier speziell bei Nachspeisen Besonderes.
Die Blüten sind eine tolle Garnitur, lassen sich super kandieren, aromatisieren Zucker, Säfte, Essige, Gelees und Sirupe. Die Blätter können gut in Salate, Gemüse und Saucen eingearbeitet werden.

KANDIERTE VEILCHEN

1 kleine Handvoll frische Veilchenblüten
1 Eiweiß
50 g Puderzucker

Saubere Blüten an einem sonnigen Vormittag pflücken.
Blüten nicht waschen.
Mit leicht angeschlagenem Eiweiß bestreichen oder in Eiweiß tauchen, dann von allen Seiten mit Puderzucker bestäuben.

Auf ein mit Backpapier belegtes Blech setzen und im lauwarmen Backofen bei 40 °C circa 2 Stunden trocknen lassen.
Möglichst gleich verwenden. Eine wundervolle Garnitur für alle Fälle.

VEILCHEN-SIRUP

schleimlösend, blutreinigend, bei festsitzendem Husten

2 x ½ Handvoll Veilchenblüten, jeweils frisch gepflückt
150 ml Wasser
150 ml flüssiger Honig

Erste *½ Handvoll* Blüten mit kochendem Wasser übergießen, 24 Stunden zugedeckt ziehen lassen, dann abfiltern. Absud nochmals aufkochen und die zweite ½ Handvoll Blüten damit übergießen. Weitere 24 Stunden ziehen lassen und abseihen. Zum Absud die gleiche Menge Honig zugeben und auflösen. In der Volksheilkunde wird empfohlen bei Bedarf 2 x täglich 1 TL Sirup morgens und abends einzunehmen. Gekühlt aufbewahrt etwa 14 Tage haltbar.

VEILCHEN-TEE

schleimlösend, auswurffördernd, antibakteriell, blutreinigend, bei Husten und Bronchitis mit festsitzendem Schleim, Frühjahrskur

2 TL getrocknetes Veilchenkraut (Stängel, Blätter und Blüten)
150 ml Wasser

Kraut mit kochendem Wasser übergießen. Zugedeckt 10 Minuten ziehen lassen, dann durch ein Sieb abseihen.
In der Volksheilkunde wird empfohlen bei Bedarf 2 x täglich 1 Tasse Tee zu trinken.
Tipp: Der Tee hilft auch als Waschung bei Hautleiden oder als Gurgellösung bei Entzündungen im Mund- und Rachenraum.

Süßeren Duft,
als alle Düfte
der Welt
verbreitet das Veilchen,
die liebliche Blume.
FRANCIS BACON (1561 – 1626)

Birke

(Betula L.)

»licht, zart, beweglich, frühlingshaft, leuchtend«

Das Wort *Birke* kommt von dem indogermanischen *bherHĝo* und bedeutet schimmernd, glänzend. Das bezieht sich auf die helle Rinde, gelegentlich betrifft es auch den ganzen Baum. Sie treibt kräftig aus und ihre vielen zarten grünen Blätter spiegeln den Neubeginn eines Jahreszyklus wieder. Einzigartig steht die Birke sturmgepeitscht von kräftigen, kalten Frühjahrsregenschauer triefend, das frische Sonnenlicht spiegelnd, schimmernd und glänzend auf der Wiese.
Als Symbol für Jugend, Frühling und Fruchtbarkeit wurde die Birke schon immer sehr geschätzt. Germanen und Slawen bewunderten ihre Stärke und Anpassungsfähigkeit. Als schnellwachsende Pionierpflanze stellt die Birke keine besonderen Ansprüche an Boden, Nährstoffe und Wasserversorgung. Nur ausreichend Licht braucht sie. Sie ist eine Wegbereiterin für Buche und Eiche,

die in dieser Beziehung wesentlich wählerischer sind.

Das Gehölz war der Göttin Freya geweiht und diese Fruchtbarkeitssymbolik findet sich auch noch in unseren Tagen. Beispielsweise in der Tradition des Maibaumstellens: dafür werden in manchen Gegenden Birkenäste am Fenster der Geliebten angebracht. Auch bei Fronleichnamsprozessionen werden die Straßen mit jungen Birken geschmückt. Früher wurden wegen der besseren Nachtsicht Alleen mit Birken bepflanzt.
Der auf der Nordhalbkugel weit verbreitete Baum, von dem an die 100 verschiedenen Arten bekannt sind, ist aber nicht nur für uns Menschen wichtig. Wie es die Namen schon vermuten lassen, hat sie für den Birkenzeisig und das Birkhuhn große Bedeutung als Futterpflanze. Die frühen Knospen sind wichtige Winternahrung. Im Frühjahr dient sie bis zu 118 Schmetterlingsarten als Nahrungsquelle und liegt damit auf Platz drei der beliebtesten Futterpflanzen für Falter.

Aber auch für uns hat die Birke einiges zu bieten. Die Blätter enthalten wichtige Stoffe wie Flavonoide, ätherisches Öl, Bitterstoffe, Gerbstoffe, Saponine, sowie Vitamin C. Junge Blätter, als Salat genossen sind nicht nur gesund, sondern auch durchaus schmackhaft.
Die in den Birkenblättern enthaltenen Flavonoide führen zu einer vermehrten Harnbildung und -ausscheidung. Birkenblätter werden daher volksmedizinisch zur Durchspülungstherapie der Harnwege und bei bakteriellen und entzündlichen Erkrankungen der ableitenden Harnwege genutzt, dies auch bei Nierengrieß und Reizblase. Weitere Anwendungsgebiete sind: blutreinigende Frühjahrskur, Gicht, Rheuma, Haarausfall und Hautausschlag.

»Die Birke … bezeichnet das Glück!«, vermerkte schon Hildegard von Bingen (1098 – 1179).
Weiter schrieb sie: *»Aber wenn am Leib eines Menschen seine Haut sich zu röten und beulig zu werden beginnt, als ob ein Geschwulst entstehen und Würmer ausbrechen wollten, nehme er die Knospen, das heißt die Sprossen dieses Baumes, und er wärme sie an der Sonne oder am Feuer und lege sie so warm auf die Stelle, wo es schmerzt, und er binde ein Tuch darum. Und das tue er oft, und jener Geschwulst wird weichen.«*

Gegen Gicht ließ schon Karl May Kara ben Nemsi im Buch *In den Schluchten des Balkan* ein Sackbad mit frischen, feuchten Birkenblättern verordnen. Heute kennen wir vor allem das Birkenhaarwasser aus der Apotheke.

Im östlichen Nordeuropa, wo die Vorkommen der Birke am größten sind, ist die heutige Bedeutung und Nutzung noch um ein Vielfaches höher. Sie ist Estlands Wahrzeichen und in den anderen Ländern ein nationales Symbol wie bei uns die deutsche Eiche. In der dortigen Volksmedizin ist sie nicht wegzudenken. Dies gilt besonders für den im Frühjahr aus dem Stamm gezapften Saft, der entweder zur Stärkung frisch genossen wird, als Erfrischungsgetränk abgekocht in Flaschen gefüllt oder zur Gärung gebracht wird und als Birkenwein bei allerlei Frühlingsfesten getrunken wird. Er soll auch gegen Impotenz helfen.

Es lässt sich aber auch aus den Blättern ein Birkenblätterwein herstellen, der antibakteriell, entzündungshemmend, stoffwechselfördernd, harntreibend und ausleitend wirken soll.

AUFGESETZTER BIRKENBLÄTTER-WEIN

frische Birkenblätter
Weißwein

Gewaschene und geputzte Birkenblätter in feine Streifen schneiden. Ein weithalsiges Schraubglas zu einem Drittel mit Birkenblättern füllen und mit Wein aufgießen.

Den Ansatz etwa 1 Woche bei Zimmertemperatur ziehen lassen, dabei täglich aufschütteln. Anschließend durch ein Sieb abgießen.

In der Volksheilkunde wird empfohlen bei Erkrankungen der Harnwege 3 x am Tag ein kleines Stamperl zu trinken.

Gekühlt ist der Birkenblätter-Wein etwa zwei Woche haltbar. Bitte nicht bei durch Herz- und Niereninsuffizienz bedingten Ödemen verwenden.

ALKOHOLFREIE BIRKENBLÄTTER-HONIG-ESSIG-TINKTUR

BIRKENBLÄTTER-OXYMEL (SAUERHONIG)

Schon in der Antike wurde diese wohlschmeckende Medizin aus Honig und Essig zur Stärkung der Gesundheit empfohlen.

1 Handvoll frische Birkenblätter
100 ml Apfelessig
300 ml flüssiger Honig

Gewaschene Birkenblätter trocken tupfen und zerkleinern.
Mit Apfelessig und Honig in ein weithalsiges Schraubglas füllen und etwa 3 Wochen bei Zimmertemperatur ziehen lassen.
Dabei täglich aufschütteln, anschließend durch ein engmaschiges Sieb abgießen.

Als ausleitende und immunstimulierende Kur über 4 Wochen 1 EL Sauerhonig täglich pur oder mit Wasser verdünnt essen.

Auch Kinder und abstinent lebende Menschen können von der gesundheitsfördernden Wirkung und alkoholfreien Tinktur profitieren.

Sie hält sich mehrere Monate.

Bitte nicht bei durch Herz- und Niereninsuffizienz bedingten Ödemen verwenden.

Die Birke

Es wächst wohl auf der Heide
Und in des Waldes Raum
Ein Baum zu Nutz und Freude,
Genannt der Birkenbaum.

Die Schuh, daraus geschnitzet,
Sind freundlich von Gestalt.
Wohl dem, der sie besitzet,
Ihm wird der Fuß nicht kalt.

Es ist die weiße Rinde
Zu Tabaksdosen gut,
Als teures Angebinde für den,
Der schnupfen tut.

Man zapfet aus der Birke
Sehr angenehmen Wein,
Man reibt sich, dass es wirke,
Die Glatze damit ein.

Dem Birkenreiserbesen
Gebühret Preis und Ehr;
Das stärkste Kehrichtwesen,
Das treibt er vor sich her.

Von Birken eine Rute,
Gebraucht am rechten Ort,
Befördert oft das Gute
Mehr als das beste Wort.

Und kommt das Fest der Pfingsten,
Dann schmückt mir fein das Haus,
Ihr, meine liebsten Jüngsten,
Mit Birkenzweigen aus.

WILHELM BUSCH (1832 – 1908)

Still sitzen. Nichts tun.
Der Frühling kommt.
Das Gras wächst.
ZEN-WEISHEIT

Schlehe

(Prunus spinosa L.)

regional Volksnamen:
Schwarzdorn, Schlehdorn, Heckendorn, Sauerpflaume, Spinis – bei Hildegard von Bingen

»schützend, nährend, behaglich«

Die Sonne lacht und lockt zum ersten Frühlingsspaziergang vor die Tür. Kaum in Feld und Flur unterwegs, ist es schwer den eigenen Augen zu trauen. Was ist das denn, das Weiße da hinten? Liegt da etwa noch so viel Schnee? Es ist doch schon recht mild. Beim Näherkommen wird dann schnell alles klar. Das ist kein Schnee, das ist eine große, prächtig weiß blühende Schlehenhecke. Schlehen können bis zu drei Meter hoch und gefühlt endlos breit werden. Das liegt an ihren flachen, weitreichenden Wurzeln, die sie zu einem sogenannten Wurzelkriech-pionier machen. Hat die Schlehe Zeit, kann wachsen und gedeihen wie es ihr gefällt, dann kann aus ihr eine undurchdringliche Hecke mit langen Dornen werden. Diese Eigenschaft machten sich unsere Vorfahren zunutze und pflanzten Schlehen als lebende Zäune in ihre Gehöftsschutzhecken mit ein.

Schon in der Steinzeit nutzte der Mensch den Schwarzdorn, indem er seine Früchte sammelte und aß. Damals wie heute ist das eine gute Idee, denn die Früchte schmecken nicht nur gut, sondern sind auch sehr gesund. Das enthaltene Vitamin C, ein hoher Anteil an Gerbstoffen, Pektin, Fruchtsäuren wie auch Bitterstoffen und die als Radikalenfänger geltenden Flavonoide geben ihnen ihre abwehrsteigernde, stoffwechselanregende, entzündungshemmende und blutreinigende Wirkung.
Vielleicht im nächsten Frühling folgenden Tipp aus alter Zeit ausprobieren: Die ersten Schlehenblüten naschen und dazu den Spruch *»Jetzt ess' ich die ersten drei, damit ich das Fieber nicht kriege«* aufsagen.
Und schon kann darauf vertraut werden, für das restliche Jahr vor fiebrigen Krankheiten geschützt zu sein.

Auch Hildegard von Bingen (1098 – 1179) beschäftigte sich mit dem Schlehdorn: *»Und die Frucht (des Schlehdorns), nämlich die Schlehen, süße mit Honig und iss sie oft so, und die Gicht in dir wird weichen. Aber wer im Magen schwach ist, der brate Schlehen … oder er koche sie in Wasser und esse sie oft, und (dies) führt den Unrat und den Schleim vom Magen ab.«*

In der Küche finden die Früchte vielfältige Verwendung. Noch unreif geerntet können sie wie Oliven eingelegt werden. Besser jedoch die Schlehen vollreif und mindestens einmal dem ersten Frost ausgesetzt pflücken. Durch die Kälte bauen sich herb schmeckende Stoffe zum Teil ab und die Früchte werden dadurch süßer. Wer mag, kann hier ein wenig mogeln und die dunkelblauen Steinfrüchte nach der Ernte im Gefrierschrank eine Zeit lang tiefkühlen.

Besonders gut schmecken die Schlehen als Aufstrich oder Likör, der Schlehenfeuer genannt wird. Von vielen werden auch feine Edelbrände oder Geiste sehr geschätzt.
Bei all diesen Dingen sollte man die Mühsal der Ernte im Auge behalten. Die sehr dornige, zu den Rosengewächsen zählende Pflanze schützt ihre Früchte gut. Für ein Kilo, je nach Fruchtgröße, sind durchaus bis zu einer Stunde kratzende und stechende Arbeit einzukalkulieren. Und dann geht es erst ans Putzen und Entsteinen. Das Resultat ist also ein wirklich hochverdienter Genuss.

Für Tiere ist die Schlehe einer der wichtigsten Wildsträucher. Auch viele Insekten und Vögel schätzen den Heckendorn sehr. So dient die weiße Blütenpracht im Frühjahr vielen Schmetterlingen und Wildbienen als wichtige Nektarquelle. Die Blätter stellen dann für zahlreiche Schmetterlingsraupen und manchen Käfer ein wichtiges Nahrungsangebot dar und an die 20 Vogelarten tun sich im Herbst an seinen Früchten gütlich. Für diverse Heckenbrüter ist die Schlehe als schützender Brut- und Lebensraum unersetzlich.

Besonders spezialisiert hat sich der seltene Neuntöter. Er nutzt die langen Dornen auf seine Art und spießt dort Beutetiere wie Insekten oder Mäuse auf.

Lange Zeit diente der Schwarzdorn als Zeigerpflanze im Volksglauben. So versuchte man durch Abzählen der Tage ab dem Aufblühen der Schlehe das richtige Erntedatum für das Getreide festzulegen.
Bei starker Fruchtbildung ging man von einem kommenden harten Winter aus.
Da war es dann gut, dass die vielen langen Dornen in den Winternächten einen ausreichenden Schutz vor Hexen boten.

SCHLEHENFEUER

(ergibt ca. 600 ml Schlehen-Likör)

600 ml neutralen Trinkalkohol 38 Vol.-%
200 g Schlehen
100 g weißer Kandiszucker

Alle Zutaten in ein weithalsiges Schraubgefäß füllen. Mindestens 8 Wochen bei Zimmertemperatur ziehen lassen, dabei gelegentlich aufschütteln. Anschließend filtern und in saubere Flaschen füllen.

SCHLEHENESSIG

(ergibt ca. 700 ml fertigen Essig)

Unterstützt das Immunsystem und wirkt stoffwechsel- und appetitanregend.

250 g Schlehen
150 ml Wasser
3 Lorbeerblätter
½ TL angemörserten Koriander
5 grob geschnittene Knoblauchzehen
500 ml Apfelessig
250 g Honig

Alle Zutaten aufkochen und eine halbe Stunde sanft köcheln lassen. In ein weithalsiges Schraubglas füllen und sofort verschließen. Drei Wochen ziehen lassen.

Die Volksheilkunde empfiehlt bei Bedarf täglich 1 EL pur oder mit etwas Wasser verdünnt eine halbe Stunde vor dem Essen einzunehmen.
Ungeöffnet hält sich der Essig mindestens ein Jahr.

Tipp: Schmeckt auch als Apperitifessig oder in Salatsaucen für kräftige Wildkräutersalate sehr gut.

GETROCKNETE SCHLEHEN

Frische Schlehen trocknen lassen, bis das Fruchtfleisch hart ist. Bei Verwendung eines Dörrapparates oder im Ofen bei ca. 60 °C geht es etwas schneller. Dann etwa 6 Stunden Trockenzeit einplanen.

Schlehen wie Bonbons lutschen, das regt den Speichelfluss an. In der Volksheilkunde werden sie bei kleinen Entzündungen im Mund- und Rachenraum empfohlen.

Trocken, dunkel und in einem gut schließenden Gefäß gelagert, halten sie mindestens ein Jahr – bis zur nächsten Ernte.

Huflattich

(Tussilago farfara L.)

regionale Volksnamen:
Ackerlattich, Rosshuf, Fohlenfuß, Bachblümchen, Teeblümli, Märzeblümli, Brustlattich, Tabakkraut

»frühlingshaft, sonnig, durchsetzungsfreudig, zäh«

Kaum ein Wildkraut blüht in unseren Breiten so früh wie der Huflattich. Leuchtend gelb krönen seine Blüten lange, geschuppte Stängel und blitzen fidel aus noch winterlich kahlen Wiesen.
Jetzt gilt es jeden Wetterwechsel genau im Auge zu behalten und auf schnell ändernde Witterungsbedingungen geschwind zu reagieren. Genauso macht's der Huflattich: bei frühlingshaftem Sonnenschein sind seine Blüten weit geöffnet, stellt sich jedoch Schlechtwetter oder Regen ein, schützt er seine

honigsüß-duftenden Blüten und schließt sie. Exakt jetzt – zwischen Februar und April – ist es geschickt, sich den Standort der Huflattichpflanze zu merken. Denn im Sommer sucht man erfolglos nach den kleinen gelben Sonnen. Erst verblühen sie zu hübschen Wuschelköpfen, dann sind sie verschwunden und die an Pferdehufe erinnernden Blätter erscheinen. Diese können nun, bei fehlender Praxis, leicht mit den Blättern von Pestwurzen (Petasites MILL.) verwechselt werden. Hier gilt die alte Regel, die Merkmale des Huflattichs genau zu kennen und seine Erscheinungsformen über die gesamte Vegetationsperiode genau zu beobachten. Übung macht hierbei ganz klar den Meister.

Allen Pflanzenteilen des Huflattichs sind gewichtige Inhaltsstoffe eigen, aber in der Kräutermedizin sind vor allem seine Blätter die gewünschten Pflanzenteile. Sie enthalten neben reizlindernden Schleim- auch Bitterstoffe, Mineralien, Vitamine, Gerbstoffe und die problematischen Pyrrolizidinalkaloide. Sie stehen in jüngster Zeit in Verdacht bei hochdosierter und längerer Anwendung, die Leber zu schädigen und krebserregend zu sein. Mittlerweile gibt es allerdings pyrrolizidinalkaloidfreie Züchtungen und Apothekerware ist grundsätzlich grenzwertgeprüft. Als Arzneimittel in Deutschland zugelassen, ist seine Wirksamkeit als Hustenmittel aber schon viel länger bekannt. Von Plinius dem Älteren (23 – 79 n. Chr.) erstmalig mit Namen erwähnt, gab dieser auch genauere Anweisungen zur Anwendung des Huflattichs bei Schweratmigkeit. Bei hartnäckigem Husten sollten Huflattichwurzeln auf glühenden Zypressenkohlen gelegt und der entstehende Rauch dann tief durch einen Trichter eingeatmet werden.
Hildegard von Bingen (1098 – 1179) war der Meinung, dass Huflattich gegen Lebererkrankungen hilfreich wäre. Die enthaltenen Bitterstoffe setzten die Römer schon in der Antike zu Verdauungszwecken ein und so war es üblich, nach dem Essen einige Huflattichblätter zu verzehren.
Für den Kräuterpfarrer Künzle (1857 – 1945) war der Huflattich die erste Frühlingsmedizin aus der Hausapotheke des lieben Gottes. Die frischen Blätter konnten als Auflagen bei offenen Wunden, Gesichtsrose, Hitze auf der Brust und in der Nierengegend, bei Krampfadern, Quetschungen, Verrenkungen und Geschwüren helfen.
Pfarrer Kneipp (1821 – 1897) wird folgend zitiert: *»Der Schöpfer hat so manches Kraut und manche Pflanze wachsen lassen, die man wenig achtet oder gar verachtet, so dass man eine Freude hat, einer solchen Pflanze einen Fußtritt geben zu können. Dieses Schicksal trifft auch den Huflattich, weil er gewöhnlich als das reinste Unkraut gilt. Wer aber diese Pflanze kennt, wird sie hoch schätzen und als vorzügliches Hausmittel behandeln.« Und: »Der Huflattich ist ein rechtes Fegefeuer für die Brust im Inneren.«*

Grundsätzlich werden ihm von der Volksmedizin eine Vielzahl von wirksamen Eigenschaften zugeschrieben. So wirkt er antibakteriell, antiseptisch, keimhemmend – dadurch wirkungsvoll bei verschleimter Bronchitis, entzündungshemmend, reizlindernd, schleimlösend, auswurffördernd, äußerlich kühlend und als erste Hilfe bei Insektenstichen.

Der in Herden wachsende Wurzelkriechpionier zeigt wechselfeuchte Standorte an und weist eine interessante Symbolik auf. Einerseits steht er für Begierde und Zeugungskraft, anderseits auch für Buße, Bitterkeit und Enthaltsamkeit. So bettete die Liebesgöttin Venus den toten Adonis auf einem Lattichbett.
Aber auch für die Zauberei war er ein probates Mittel. Er hat den Ruf psychoaktiv und aphrodisierend zu sein.

Zur Verwendung in der Küche ist keine Zauberei nötig. Junge Blätter und Stängel kleingeschnitten sind eine schöne Ergänzung zu Salaten und Gemüsegerichten.
Die größeren Blätter können für Blattrouladen, zum Beispiel als Ersatz von Weinblättern, dienen. Die Blüten werten Süßspeisen auf. Aber bei aller Begeisterung den Huflattich, wegen seines Pyrrolizidingehaltes, nur sehr maßvoll genießen.

HUFLATTICH-TEE

Kaltansatz

2 TL getrocknete Huflattichblätter
150 ml Wasser

Huflattichblätter am Vorabend in kaltem Wasser ansetzen. Vor Anwendung im Wasserbad leicht erwärmen, dann abseihen.

In der Volksheilkunde wird empfohlen bei Husten 3 x täglich 1 Tasse mit Honig gesüßt schluckweise zu trinken. Zur besseren Schleimlösung gleich nach dem Aufstehen mit der ersten Tasse beginnen. Auch für gereizte Magen- und Darmschleimhäute hilfreich, dann allerdings den Tee ungesüßt trinken.
Beim Kaltansatz werden die hitzeempfindlichen Schleimstoffe geschont. Da sich bei dieser Methode relativ schnell Keime bilden, nur wenig Tee ansetzen und diesen gleich nach der Mazeration trinken.

Wichtig: Pyrrolizidinfreien Huflattich verwenden.

HUFLATTICH-TINKTUR

Huflattichblätter
Trinkalkohol 32 Vol.-%

Schraubglas zu etwa 1/3 mit Huflattichblätter füllen, anschließend mit Alkohol bis zum Glasrand aufgießen und gut verschließen. 6 Wochen bei Zimmertemperatur ziehen lassen. Dabei täglich aufschütteln, dann abseihen.

In der Volksmedizin wird empfohlen zur Schleimlösung bei Husten 3 x täglich 8 bis 10 Tropfen auf Zucker oder in einem Glas Wasser zu sich zu nehmen.

Wichtig: Pyrrolizidinfreien Huflattich verwenden.

HUFLATTICHBLATT-AUFLAGE

Frischekick für beanspruchte Augen

Je ein sauberes, frisches Huflattichblatt auf die Augen legen. Ruhen und genießen.

Blumen sind die
Liebesgedanken der Natur.
BETTINA VON ARNIM (1785 – 1859)

Gott hat alle Dinge der Welt so eingerichtet,
dass eins auf das andere Rücksicht nehme.
HILDEGARD VON BINGEN

Vogelmiere

(Stellaria media (L.) VILL.)

regionale Volksnamen:
Hühnerdarm, Hühnerbiss, Gänsekraut, Vogelkraut, Mäusedarm, Sternmiere, Alsine

Bei günstigen Bedingungen ist die Vogelmiere während des ganzen Jahres im Garten zu finden. Nur wenn der Schnee das unscheinbare Kraut mit einer dicken Decke einhüllt, hält es kurz Winterschlaf. Kaum schmilzt die weiße Pracht, wächst und blüht sie wieder. Wie ein grüner Teppich, veredelt mit kleinen weißen Sternchenblüten, gedeiht die Vogelmiere in nährstoffreicher und bearbeiteter Erde. Besonders wohl fühlt sie sich im Gemüsebeet oder Gewächshaus gleich neben Kopfsalat. Die Vogelmiere gilt als Kulturfolger, sucht sie tatsächlich die Nähe von uns Menschen. Vielen ist die mittlerweile weltweit verbreite Pflanze als Unkraut bekannt, wird oft als solches ausgerissen oder anderweitig bekämpft und landet womöglich auf dem Kompost statt auf dem Teller.

Die saftige Vogelmiere kann an sich ganzjährig geerntet werden, die beste Zeit ist allerdings von März bis Juni. In diesem Zeitraum schmeckt sie einfach am leckersten. Innerhalb eines Jahres können bis zu drei Vogelmieregenerationen aufgehen. Das bedeutet sie wächst immer frisch und knackig nach.

Vögel wissen, warum sie Vogelmiere lieben. In ihr steckt so einiges, wovon unsere Gesundheit und unser Wohlbefinden profitieren. Bei einem Vergleich mit der gleichen Menge frischem Kopfsalat enthält die Vogelmiere doppelt so viel Calcium, knapp dreimal so viel Kalium und Magnesium, siebenmal so viel Eisen und zwei- bis achtmal so viel Vitamin A und C. Zudem ist sie noch reich an Vitamin B1, B2, B3, Selen, Flavonoiden, Kieselsäure, Gammalinolensäure und Chlorophyll.
150 g frische Vogelmiere decken den kompletten Tagesbedarf an Eisen, Kalium und Vitamin C.

In der Küche bereichert ihr zarter, nach jungen Maiskölbchen tendierender Geschmack jeden Salat. Vogelmiere im Teig ergibt grasgrüne Semmeln oder Pfannkuchen.
Sie schmeckt sehr fein als zartes Pesto oder aromatisiert Joghurt, Quark, Buttermilch und Frischkäse. Bei umfangreicherer Ernte kann die Vogelmiere durchaus auch den Hauptteil eines Gemüsegerichts einnehmen.

Zwingend ist ihre Teilnahme im Frühjahr an der 9-Kräuter-Suppe. Die einzelnen Kräuter variieren zwar nach Region, da aber die Vogelmiere überall zu Hause ist, fehlt sie praktisch nirgends.

Ihre wertvollen Inhaltsstoffe leisten in volksmedizinischen Anwendungen vielseitige Hilfe. Die Vogelmiere gilt als schleimlösend, hustenstillend, entzündungshemmend und antiviral, verdauungsfördernd und leicht abführend.
Nutzen sollte man sie unbedingt bei einer ausleitenden Frühjahrskur, am besten zusammen mit den anderen verdauungs- und stoffwechselanregenden Kräutern wie Löwenzahn, Brennnessel und Kresse. Empfohlen wird Vogelmiere bei Lungenkrankheiten, Blähungen, Leberbeschwerden und Blasenkrankheiten. Äußerlich wird sie bei Schuppenflechte, anderen Hautkrankheiten und stark beanspruchten Gärtnerhänden angewandt. Eingenommen werden kann sie als Tee oder Presssaft.

»Man kann den Hühnerdarm recht passend ein Lungenkraut im eigentlichen Sinne des Wortes nennen, weil er auflösend und schleimlösend wirkt, auch bei Blutbrechen und -husten sowie bei Hämorrhoiden, bei Nieren- und Blasenverschleimung sehr gute Dienste leistet. Auch äußerlich ist der Hühnerdarm sehr wirksam bei offenen Schäden, Ausschlägen und alten, faulen Geschwüren. Mischt man ihm noch Spitzwegerich und Zinnkraut bei, so kann man damit große Erfolge erzielen.«

PFARRER KNEIPP (1821–1897)

Aber warum nannte Pfarrer Kneipp die Vogelmiere Hühnerdarm? Der etwas merkwürdige Name leitet sich von einem beliebten Kinderspiel ab. Zieht man den Stängel der Vogelmiere vorsichtig der Länge nach auseinander, ist im Inneren ein darmartiger Faden – die Gefäßleitbündel der Pflanze – zu entdecken.
Eine andere Erklärung beruft sich auf die wirr über- und untereinander wachsenden schlaffen Stängel. Zugegeben, etwas Vorstellungskraft ist jetzt schon gefordert, um darin sich wild windendes Darmgekröse zu erkennen.

GRÜNE SEMMELCHEN

(ergibt 20 Stück)

2 Handvoll Vogelmierenkraut (frische und knackige Stängel, Blätter und Blüten)
500 ml zimmerwarme Buttermilch
50 g Butter
650 g Dinkelmehl
1 Packung Trockenhefe
1 TL Salz
½ TL Zucker

Vogelmiere waschen, putzen, abtropfen lassen und grob hacken. Dann in die Buttermilch geben und pürieren.
Butter in einem Topf zerlassen und zur Buttermilch geben.
Mehl, Hefe, Salz und Zucker in einer großen Schüssel vermischen und die Vogelmieren-Buttermilch zugeben.
Teig gute 5 Minuten kneten, anschließend abgedeckt etwa 1 Stunde bei Zimmertemperatur gehen lassen.
Aus dem Teig 20 kleine Semmelchen formen und auf ein Backblech legen.
Diese nochmals 30 Minuten gehen lassen, einritzen und im vorgeheizten Ofen bei 200 °C Ober-/Unterhitze 20 Minuten goldbraun backen.

VOGELMIERENROLLE

(für 4 Personen)

Teig:
2 Handvoll Vogelmierenkraut (frische und knackige Stängel, Blätter und Blüten)
100 g Mehl
300 ml Milch
2 Eier
Salz
Butter zum Ausbacken

Füllung:
150 g Frischkäse
150 g Schmand
4 EL Sahnemeerrettich
Salz
Pfeffer
3 gestiftelte Gelbe Rüben

Vogelmiere waschen, abtropfen lassen, putzen und grob hacken. ½ Handvoll Vogelmiere für später zurücklegen.
Mehl, Milch und Eier verrühren. Restliche Vogelmiere zugeben, anschließend die Masse mit dem Stabrührgerät kurz mixen. Mit Salz abschmecken und circa 30 Minuten quellen lassen.
Butter in einer Pfanne erhitzen, den Vogelmieren-Teig portionsweise darin ausbacken, dabei einmal wenden.

Für die Füllung Frischkäse, Schmand und Sahnemeerrettich vermengen, dann mit Salz und Pfeffer würzen.
Die abgekühlten Pfannenkuchen mit Meerrettich-Frischkäse bestreichen, die gestiftelte gelbe Rübe und ungehackte Vogelmiere darauf verteilen.
Dann den Vogelmieren-Pfannenkuchen vorsichtig straff einrollen. Anschließend die Rolle in dicke, schräge Scheiben schneiden.

Tipp: Die Vogelmieren-Rolle fest in Backpapier einwickeln und über Nacht ruhen lassen. Die Rolle wird so fester und die Geschmäcker verbinden sich.

VOGELMIEREN-FRISCHPRESSSAFT

zur reinigenden und stimulierenden Frühjahrskur

Vogelmiere frisch entsaften. Am besten dazu einen guten Entsafter verwenden. Alternativ die Vogelmiere fein mixen. Das Kräuterpüree in ein sauberes Küchentuch geben und gut auswringen. Dabei den Vogelmierensaft in einem Glas auffangen.

Die Erfahrungsheilkunde empfiehlt 3 x täglich 2 TL Vogelmierensaft mit etwas Wasser einzunehmen.

Gewöhnliche Knoblauchsrauke

(Alliaria petiolata (M. BIEB) Cavara et Grande)

regionale Volksnamen:
Lauchhederich, Knoblauchhedrich, Lauchkraut, Bärentatze

»reinigend, ausleitend, kräftigend, würzig«

Schmetterlinge fliegen auf Knoblauchsrauke. Auch Falter wie das Waldbrettspiel und der Aurorafalter tun sich am nahrhaften Nektar des Lauchhederichs gütlich. Die zuckerhaltige Flüssigkeit wird von den Blüten großzügig an der Basis freigegeben, das erfreut nicht nur Schmetterlinge und Hummeln, sondern der Nektar ist auf diese Weise auch für Fliegen,

Schwebfliegen und Käfer gut zugängig. Sollten die fleißigen Insekten mal Pause haben, ist auch Selbstbestäubung möglich.
Wie der Name schon vermuten lässt, ist die Knoblauchsrauke nicht nur für die Tierwelt eine Bereicherung des Speisezettels, auch wir Menschen haben sie für uns entdeckt. Die Knoblauchsrauke kann für sich in Anspruch nehmen, die älteste bei uns bekannte Gewürzpflanze zu sein. Ausgrabungen in Holstein und Dänemark konnten nachweisen, dass sie bereits vor gut 6.000 Jahren als Gewürz genutzt wurde.

Der in weiten Teilen Europas heimische Kreuzblütler schätzt als Stickstoffanzeiger nährstoffreiche, lockere, humose Böden, gerne auch in Begleitung von Brennnessel. Beliebte Plätze sind Waldränder, schattige Unterkrautflure, Laubwälder, Hecken oder Gebüsche.
Durch die europäischen Auswanderer nach Nordamerika gebracht, wurde das würzige Kraut auch in dem einen oder anderen amerikanischen Kräutergarten heimisch und hat sich von dort aus selbstständig gemacht.

Bereits im zeitigen Frühjahr versuchen die nierenförmigen Grundblätter der Knoblauchsrauke genügend Sonnenlicht einzufangen. Dafür hat sie eine geschickte Taktik entwickelt. Die unteren Blätter des Lauchhederichs sind ziemlich groß, nierenförmig-rundlich und langgestielt, wogegen die oberen Stängelblätter immer kleiner werden und eher dreieckig bis pfeilförmig zugespitzt aussehen. So fällt das Licht optimal von der obersten Triebspitze bis zu den untersten Blättern.

Die Brunnen- und Gartenkresse gehören zur interessanten Verwandtschaft der Knoblauchsrauke. Geschmacklich offenbart sich diese familiäre Verbundenheit schnell in dem würzigen Inhaltsstoff, dem Senfölglykosid Sinigrin. Daneben finden sich ätherische Öle, Knoblauchöl, Zuckerstoffe, Saponine, Vitamin A und C und Mineralstoffe. Diese wirken antibakteriell, keimtötend, schleimlösend, harntreibend und blutreinigend. Verwendung in der Volksmedizin findet das Kraut bei Atemwegskatarrhen, Wurmbefall, eiternden Wunden, Insektenstichen, Gicht und rheumatischen Beschwerden und ganz besonders zur ausleitenden Frühjahrskur.

»In frischem Zustande, also nicht gedörrt, besitzt das Knoblauchkraut alle guten Eigenschaften des Knoblauchs, ohne dessen ätzende Wirkung. Der Tee dieser Pflanze heilt innere, krebsartige Geschwüre, langweiligen Katarrh und vertreibt die Würmer. Als Gurgelwasser benützt, festigt er wackelnde Zähne und heilt eiterndes Zahnfleisch. Auflagen von frischen Blättern heilt fließende Wunden.«

PFARRER KÜNZLE (1857 – 1945)

Die nach einer wunderbaren Mischung aus Knoblauch und Kresse schmeckende Pflanze, sollte in jeder Küche zum Einsatz kommen. Um sie in vollen Zügen zu genießen, das Kraut unbedingt roh verarbeiten. Beim Kochen verflüchtigen sich die leckeren Inhaltstoffe rasch. Wenn man dies beachtet, finden sich eine große Anzahl von Verwendungsmöglichkeiten.
Fein sind die jungen Blätter und Triebe von April bis Juni als Gewürz oder als würzige

Grundlage für einen Salat. Suppen, Aufläufe und Gemüsegerichte können toll verfeinert werden. Klasse ist die Knoblauchsrauke in einem Kräuterquark, einer Kräuterbutter oder in einem Pesto.
Mit den Blüten kann man im Mai und Juni würzig dekorieren. Die zarten, jungen und noch grünen Samenschoten ab Ende Mai ernten und fein geschnitten oder gemörsert als apartes Frischgewürz verwenden. Sind sie im Juli und August dann ausgereift, können sie gemahlen und dann zu einem würzigen Senf verarbeitet werden.

FRÜHLINGSPIZZA MIT KNOBLAUCHSRAUKE

(für 4 Personen)

Pizzateig:
1 Würfel frische Hefe
200 ml lauwarmes Wasser
400 g Dinkelvollkornmehl
1 TL Salz

Belag:
2 Handvoll Feldsalat
1 Handvoll frische Knoblauchsraukenblätter
125 g Naturjoghurt
125 g Sauerrahm
1 TL scharfer Senf
Salz
Pfeffer
1 Tasse pürierte Tomaten
2 EL Olivenöl
2 EL weißer Balsamico-Essig
essbare Blüten als Garnitur, beispielsweise Gänseblümchen, Knoblauchsrauken-, Veilchen- und Taubnesselblüten

Hefe in Wasser auflösen. Mehl und Salz mischen. Wasser zum Mehl geben und zu einem glatten Teig verkneten. 2 Stunden abgedeckt an einem warmen Platz gehen lassen.
Feldsalat und Knoblauchsrauke waschen, putzen und gut abtropfen lassen.
Joghurt, Sauerrahm, Senf, Salz und Pfeffer vermengen. Teig nochmals durchkneten und dünn ausrollen. Auf das Backblech setzen und mit dem Tomatenpüree bestreichen.

Im vorgeheizten Backofen bei 220 °C Ober-/ Unterhitze etwa 10 Minuten backen. Knoblauchsrauke grob schneiden.
Eine Marinade aus Essig, Öl, Salz und Pfeffer herstellen und über Salat und Knoblauchsrauke geben.
Joghurt-Sauerrahm-Sauce auf die warme Pizza streichen, den marinierten Salat darüber verteilen. Mit essbaren Blüten ausgarnieren.

KNOBLAUCHSRAUKEN-TEE

appetitanregend, blutreinigend

1 TL frische Knoblauchsraukenblätter
150 ml Wasser

Knoblauchsrauke mit heißem Wasser übergießen. Zugedeckt 5 Minuten ziehen lassen, dann durch ein Sieb abgießen.

Die Volksheilkunde empfiehlt täglich eine Tasse zur Frühjahrskur zu trinken.

Wer mit seiner Mutter, der Natur, sich hält,
findet im Stengelglas wohl eine Welt.
JOHANN WOLFGANG VON GOETHE (1749 – 1832)

Scharbockskraut

(Ranunculus ficaria L.)

regionale Volksnamen:
Schmalzblatt, Butterblume, Spiegelblume, Glitzerli, Sternebluem, Sternli, Feigwurz, Erdgerste, Himmelsgerste, Butterblume

»stärkend, reinigend, fröhlich«

Das frühjahrsgrüne Scharbockskraut kann seinen Namen mit berechtigtem Stolz von seiner starken Wirkung gegen die gefährliche Vitamin-C-Mangelkrankheit Skorbut ableiten. Der Name des Mangels leitet sich vom niederländischen Wort *scheuren* ab. Eindringlich beschreibt dieses die Symptomatik der Krankheit. Denn *scheuren* bedeutet so viel wie *Reißen* und *but* bezieht das auf die Knochen – in Summe also Knochenreißen. In nicht lange zurückliegenden Tagen war Skorbut ein großes Problem für die Bevölke-

rung. Die Krankheit manifestierte sich nach Monaten und führte zu Knochenschmerzen, Muskelschwund, Zahnfleischbluten und Zahnverlust. Dieses Thema begleitete oft Seeleute bei ihren Reisen über das Meer und zu Hause Gebliebene plagte der sogenannte Winterskorbut.
Verzweifelt warteten die Landbewohner auf das frische Frühlingsgrün. Sobald die ersten zarten Kräuter durch noch winterlich kalten Boden brachen, versuchten sie schnell den entstandenen Mangel auszugleichen. Und hier kam das Scharbockskraut, das oftmals schon im Februar seine gelben Blüten zeigt, gerade recht. So brachte das früh grünende Wildkraut die Rettung für Landratten wie auch Seefahrer und gehörte bei praktisch jeder Überfahrt zur Verpflegung.

Nichtsdestotrotz ist das Scharbockskraut mit etwas Vorsicht zu behandeln. Empfindliche Menschen sollten das zu den Hahnenfußgewächsen gehörende und leicht giftige Scharbockskraut meiden.
Wegen des schleimhautreizenden Alkaloids Protoanemonin ist es nicht ratsam, es roh in großen Mengen zu verzehren. Da die Blätter nur relativ wenig davon enthalten und die Konzentration in der ganzen Pflanze zur Blüte ansteigt, bitte die Blätter vor der Blüte nutzen. Durch Wärmebehandlung und Trocknung verliert sich allerdings die Gefahr.

Das Scharbockskraut ist in ganz Europa, Teilen Asiens und in Nordafrika verbreitet. Es bildet die erste Krautschicht des Jahres und nutzt die blattlose Zeit für seinen Vegetationszyklus. Mit dem Belauben der Bäume zieht es sich wieder in den Boden zurück und wartet auf das nächste Jahr.
Zu finden ist das Scharbockskraut auf feuchten und nährstoffreichen Böden in Auwäldern, Laubmischwäldern, Obstgärten und an Heckenrändern. Seine rundlich-herzförmigen, glänzenden Blättchen erscheinen oft in großen Massen und die buttrig, gelben Einzelblüten sind eine Zier für den grünen Blätterteppich.

Man erzählt sich, dass früher nach verheerenden Unwettern oft ein rettender Getreideregen vom Himmel kam. Heute wissen wir, es waren die mit dem Regenwasser oder Bachwasser zusammengespülten unzähligen knöllchenförmigen Brutknospen des Scharbockskrauts.

In der Küche sind die sauer-scharf schmeckenden Blätter in allerlei Salaten, Pestos, im Kräuterquark, in der Kräuterbutter, in Saucen, Bratengerichten, Drinks oder als Frühjahrskur zu verwenden. Von den getrockneten Wurzelknöllchen, die frisch ausgegraben nussig und stärkereich schmecken, kann nach der Blüte, also von Mai bis Juni, Mehl hergestellt werden.

Neben dem schon erwähnten Vitamin C enthalten die Blätter den Giftstoff Ranunculin, Gerbstoffe, Alkaloide und Saponine. In den Wurzeln finden sich ebenfalls Alkaloide, Asparagin und das Ferment Urease.

Der Einsatz als Vitamin-C-Booster erfolgte erst ungefähr ab 1500, als immer mehr Seeleute auf monatelangen Seereisen an Skorbut erkrankten. Davor wurde das Kraut im zeitigen Frühjahr zum Ausgleich der winterlichen Mangelerscheinungen und in der Volksheilkunde wegen seiner blutreinigenden und immunstärkenden Wirkung bei Frühjahrsmüdigkeit, Hautunreinheiten, Hämorrhoiden, Venenleiden, Krampfadern und Feigwarzen verwendet.

Hildegard von Bingen (1098 – 1179) empfahl die *Wichwurtz* oder *Vicwurz* zur Heilung von Hämorrhoiden und schmerzhafter Feigwarzen sowie anderer Erkrankungen der Hoden.

Wichtig: Gilt für alle nachfolgenden Rezepte: Scharbockskraut nur in kleinen Mengen und vor der Blüte verwenden.

FRÜHLINGS-LASSI

(ergibt ca. 4 Gläser)

1 Handvoll Frühlingskräuter, je 10 Scharbockskraut-, Brennnessel- und Gierschblätter,
5 Löwenzahnblätter
500 g Naturjoghurt
200 ml Buttermilch
Saft 1 Orange
1 TL Pollen
½ TL Vanillepulver
1 Prise Kardamom
1 Prise Zimt
1 EL Honig (nach Belieben)
Eiswürfel

Alle Kräuter waschen, putzen und grob zerkleinern. Gemeinsam mit den anderen Zutaten – bis auf Honig und Eiswürfel – in einen leistungsstarken Standmixer füllen. Gut mixen, dann nach Belieben mit Honig abschmecken und Eiswürfel zugeben.

REISSALAT MIT FRÜHLINGSKRÄUTERN

(für 4 Personen)

2 Tassen Naturreis
5 Tassen Wasser
2 Handvoll Frühlingskräuter: 10 Scharbockskrautblätter, ansonsten eine schöne Mischung aus jungem zarten Giersch, Löwenzahn, Schafgarbe, Spitzwegerich
½ Handvoll Frühlingsblüten als Garnitur (z. B. Gänseblümchen, Veilchen)
2 EL Apfelessig
1 EL Zitronensaft
1 EL Honig
1 TL Salz
etwas Pfeffer
6 EL Sonnenblumenöl

Reis mit Wasser gar kochen, dann abkühlen lassen. Kräuter waschen, putzen und in feine Streifen schneiden. Blüten nicht waschen.
Aus Essig, Zitronensaft, Honig, Salz, Pfeffer und Olivenöl ein sämiges Dressing anrühren.
Kräuter, Reis und Dressing vermengen und abschmecken.
Portionieren und mit den Blüten ausgarnieren.

Die ersten Blumen

Neben dem Bach
Den roten Weiden nach
Haben in diesen Tagen
Gelbe Blumen viel
Ihre Goldaugen aufgeschlagen.
Und mir, der längst aus der Unschuld fiel,
Rührt sich Erinnerung im Grunde
An meines Lebens goldene Morgenstunde
Und sieht mich hell aus Blumenaugen an.
Ich wollte Blumen brechen gehen;
Nun lass ich sie alle stehen
Und gehe heim, ein alter Mann.

HERMANN HESSE (1877 – 1962)

Gänseblümchen

(Bellis perenis L.)

regionale Volksnamen:
Maßliebchen, Marienblümchen, Tausendschön, Margritli, Angerbleamerl, Gänseliese, Augenblümchen, Augenröschen, Herzblümli, Himmelsblume, Maiblume, Mairöserl, Mondscheinblume, Morgenblume, Osterblume, Regenblume, Sonnentürchen, Sonnenblümchen, Sonnenauge, Mümmeli, Schicksalsblimmche, Zeitlose, Wundkraut, Kranzblom, Baldurs Auge, Baldurs Braue u. v. m.

»fröhlich, sonnig, lieblich, unschuldig, widerstandsfähig, ausdauernd«

Mit wie viel Inspiration und Poesie haben unsere Vorfahren Hunderte von wunderbar treffenden Namen für den absoluten Star der Frühlingswiese, dem Gänseblümchen geschaffen. Auch heute gilt: Frühlingszeit ist Gänseblümchenzeit. Kaum eine andere Pflanze symbolisiert in unseren Breiten und in den von uns geschaffenen Lebensräumen den ersten Anflug von Frühling wie das Gänseblümchen.

In England heißt es: »Wenn du mit einem Fuß auf sieben Gänseblümchen treten kannst, dann ist wirklich Frühling!« Ob es stimmt? Ganz einfach ausprobieren – bei den ersten milden Sonnenstrahlen raus in die Natur und nachzählen.

Gänseblümchen in dem Garten
können kaum die Zeit erwarten,
bis der Winter ist vorbei
und vom Schnee der Rasen frei.

Strecken ihre roten Näschen
halb erfroren durch die Gräschen.
Liebe Blümchen, lasst euch sagen:
nachts tut um die Spitzenkragen!

ALTES KINDERGEDICHT

Als Symbol für Mutterliebe, Reinheit, Anspruchslosigkeit, kindliche Unschuld, Bescheidenheit und ritterliche Liebe hat diese kleine Blume verschiedenste Menschen stark beeindruckt. Wie anders wäre es zu erklären, dass ausgerechnet auf einem der eindrucksvollsten Bauwerke des alten Babylons, das unter König Nebukadnezar II. vor über zweieinhalb Jahrtausenden erbaute Ishtar-Tor, eine große, umfassende Bordüre aus 16-blättrigen Gänseblümchen zu entdecken ist?

Auf kurz gemähten, nährstoffreichen Böden in Parkanlagen oder Gärten kommt das widerstandsfähige Tausendschön wirklich tausendfach vor und erfreut uns mit seiner weißen Blütenpracht.

Für unsere Vorfahren hatten die ersten grünen Pflanzen nach den Einschränkungen des Winters, eine besondere Bedeutung. Endlich standen wieder Vitalstoffe, Mineralien und Vitamine in Hülle und Fülle zur Verfügung. Zusätzlich wartet die Verkünderin des Frühlings unter anderem noch mit hautpflegenden, entzündungswidrigen Gerbstoffen, stoffwechselanregenden, Bronchialschleim verflüssigenden Saponinen, verdauungsanregenden Bitterstoffen und als Radikalenfänger geltenden Flavonoiden auf.

In der Volksmedizin wird die Mondscheinblume vor allem innerlich genutzt bei festsitzendem Husten, Hauterkrankungen, Stoffwechselleiden und kommt ganz speziell zur anregenden Frühjahrskur zum Einsatz. Äußerlich wird das Gänseblümchen bei entzündlichen Prozessen der Haut, Verstauchungen, Zerrungen, Quetschungen, Prellungen oder als lindernde Wundauflage bei Insektenstichen angewendet. Pfarrer Künzle (1857 – 1945) rät es als Stärkung für Kinder einzusetzen: *»Eine Prise Maßliebchen soll man jeder Mischung für Kindertee beifügen; es hat es in sich, Kindern, die trotz guter Kost nicht gedeihen wollen, auf die Beine zu helfen.«*

Dadurch erklärt sich sicherlich auch der Glaube, dass, wenn man die ersten drei Gänseblümchen isst, die im Frühjahr zu finden sind, man das restliche Jahr von Zahnschmerzen, Fieber, Durst und Triefaugen verschont bleibt – eine schöne Tradition, die unbedingt jährlich aufgefrischt werden sollte. Ein köstlicher Frühlingssalat mit den ersten zarten Kräutern und Gänseblümchenblüten bietet sich hier bestens an.

GÄNSEBLÜMCHEN-SALAT

(für 4 Personen)

prima zur Unterstützung einer stoffwechselanregenden und ausleitenden Frühjahrskur

4 kleine Handvoll Gänseblümchen-blattrosetten
2 EL geröstete Kürbiskerne
2 EL Zitronensaft
4 TL Apfel-Balsam-Essig
Salz
Pfeffer
2 TL Honig
4 EL Kürbiskernöl
10 Gänseblümchenblüten

Bevorzugt blütenlose Blattrosetten wegen ihres milderen Geschmackes ernten, gut waschen, putzen und trocken tupfen. Dressing mischen, abschmecken und über den Salat geben. Mit Kürbiskernen und Blüten garniert servieren.

Als Frühjahrskur täglich eine Portion Gänseblümchen-Salat essen.

Vorsicht: Nicht bei bekannter Korbblütlerallergie anwenden.

GÄNSEBLÜMCHEN-TEE

hilft Bronchialschleim zu verflüssigen

2 TL frische Gänseblümchenblüten und -blätter
150 ml Wasser

Gänseblümchenblüten und -blätter mit kochendem Wasser übergießen und 5 Minuten zugedeckt ziehen lassen, dann abgießen.
In der Volksheilkunde wird empfohlen 3 x täglich eine Tasse Tee bei festsitzendem Husten, zur Unterstützung der Hautreinigung und als Frühjahrskur zu trinken.
Bei Husten ist es ratsam den Tee mit etwas Honig zu süßen.

Vorsicht: Nicht bei bekannter Korbblütlerallergie anwenden.

GÄNSEBLÜMCHEN-GESICHTSMASKE

wirkt hautklärend und -beruhigend, entzündungshemmend, verhilft zu einer zarten Haut

3 ½ EL Heilerde
2 TL Gänseblümchen-Tee
1 TL flüssiger Honig

Alle Zutaten zu einer cremigen Masse verrühren. Auf das Gesicht und den Hals auftragen, dabei die Augenpartie ausnehmen. Etwa 15 Minuten einwirken lassen, dann sanft mit warmem Wasser abspülen.

O die guten Kinder!
Sie durchhüpften oft den Garten,
flochten sich von Gänseblümchen Kronen,
kränzten ihre Haare.
Fröhlich raubten sie dem Vater Küsse,
von den braunen Wangen,
wenn er sie voll Zärtlichkeit
auf den Knien wiegte.

LUDWIG CHRISTIAN HÖLTY (1748 – 1776)

Echtes Lungenkraut

(Pulmonaria officinalis L.)

regionale Volksnamen:
Kleingeflecktes Lungenkraut, Lungenwurz, Blaue Schlüsselblume, Himmelschlüssel, Fleckenkraut, Bachkraut, Bockkraut, Hirschmangold, Hirschkohl, Waldochsenzunge, Kuckucksblume, Osterblume, Hosenschiffern, Schlotterhose, Hänsel und Gretel, Adam und Eva, Ungleiche Schwestern, Schwesternkraut, Unser Lieben Frauen Milchkraut

»ausleitend, kräftigend, fröhlich«

Der letzte regionale Name in der Aufzählung verweist auf eine schöne Sage, nach der das Lungenkraut zu den Marienpflanzen zählt. Die weißen Flecken auf den Blättern sollen der Legende nach entstanden sein, als Muttermilch der Muttergottes beim Stillen des Jesuskindes darauf tropfte. Auch in England erzählt man sich mancherorts diese Geschichte und so trägt das hübsche Lungenkraut dort einen ähnlichen Namen *Lady's Milk Sile – Unserer Lieben Frau Milchflecken*.

Der Gattungsname *Pulmonaria* verrät viel über die Eigenschaften des Frühlingsblühers. Er leitet sich vom Lateinischen *pulmonarius* – lungenkrank ab und zeigt, wie auch der deutsche Name, den Haupteinsatzbereich dieses Kräutleins.

Das Echte Lungenkraut enthält Flavonoide, viele Mineralien, besonders Kieselsäure, Gerb- und Schleimstoffe, Saponin, Vitamin C und das raublattgewächstypische Allantoin.

Die Kräuterfrau und Heilerin Hildegard von Bingen (1098 – 1179) nannte es *Lunckwurtz* und Paracelsus (1493 – 1541), ein Gelehrter, Mediziner und Alchimist, schätzte das Lungenkraut wegen seiner positiven Auswirkungen auf die Atemwege.

In der Volksheilkunde gilt das Lungenkraut als auswurfförderndes Lungenmittel mit dem man viele Lungenkrankheiten bis zur Tuberkulose behandeln kann. Es hilft auch bei Beschwerden im Magen-Darm-Trakt und wird zur Beschleunigung der Wundheilung bei kleinen äußerlichen Wunden empfohlen.
Es wirkt bei Menschen hustenreizlindernd, leicht auswurffördernd, zusammenziehend, entzündungshemmend und mild harntreibend.
Zur Unterstützung der Wundheilung und zur Stärkung der Lungen werden die Blätter des Krautes verwendet, die roten und violetten Blüten können roh genossen werden.

Ja, welche Farbe haben sie nun, die Blüten? Rot oder Violett? Das Lungenkraut ist eine sogenannte Zeigerpflanze in deren Blüten ein Farbstoff enthalten ist, der zu den Anthocyanen gehört. Diese sind bei Pflanzen für die roten bis blauen Farben verantwortlich. Das Kriterium für die Blütenfarbe ist die Frage nach der Bestäubung. Nach erfolgter Bestäubung, meist nach drei bis vier Tagen, wechselt die Farbe von rot auf blau und schon wissen alle Bescheid, dass hier die Pollen- und Nektartheke geschlossen ist.

Für das menschliche Auge ist dies aber egal. In beiden Farben ist das Lungenkraut ein ausgesprochener Hingucker. Die zarten Blüten, die man zwischen Anfang März und Ende Mai bewundern kann, werden überwiegend von langrüsseligen Hummeln und Faltern besucht.
Lungenkräuter sind ausdauernde krautige Pflanzen, die in fast ganz Europa verbreitet sind. Sie lieben den Halbschatten von Mischwäldern oder frischen, nährstoffreichen Boden an Wegen oder Gehöften. Da kann es bei optimalen Bedingungen passieren, dass sie ganze Blühteppiche bilden.

Die Blüten eignen sich als zierendes Beiwerk in Salaten, in Tees, auf dem Butterbrot oder im Kräuterquark. Das sanfte Gurkenaroma

ist angenehm. Blätter, jung geerntet und kleingeschnitten, passen gut in Salate, Quark, Kräuterbutter, Gemüsegerichte, Suppen und Saucen. Ältere Blätter fühlen sich eher rau und derb an.
Im Ganzen lassen sie sich – jung wie älter – im Ausbackteig als Cracker frittieren.

GURKENSALAT MIT LUNGENKRAUT

(für 4 Personen)

1 Handvoll junge Lungenkrautblätter
¼ Handvoll Lungenkrautblüten
3 EL weißer Balsamico-Essig
1 EL Honig
1 TL Salz
etwas Pfeffer
2 EL Schmand
1 gehobelte Salatgurke
1 fein gewürfelte kleine Zwiebel

Gewaschene Lungenkrautblätter in feine Streifen schneiden. Blüten putzen, aber nicht waschen. Beiseite stellen.

Essig, Honig, Salz, Pfeffer und Schmand zu einem sämigen Dressing verquirlen. Lungenkrautblätter zugeben und unterrühren. Die Salatsauce über die Gurke und Zwiebel geben und alles gut vermengen.
Kurz vor dem Servieren mit den Blüten ausgarnieren.

LUNGENKRAUT-TEE

reizlindernd, leicht auswurffördernd – hilfreich bei festsitzendem Husten und Hustenreiz

1 TL fein geschnittenes Lungenkraut
150 ml Wasser

Lungenkraut mit kochendem Wasser aufgießen, zugedeckt 10 Minuten ziehen lassen, dann abfiltern.

In der Volksheilkunde wird empfohlen bei Bedarf 3 x täglich eine Tasse Tee mit Honig gesüßt zu trinken.

LUNGENKRAUT-WEIN NACH HILDEGARD VON BINGEN

2 Handvoll frische, junge Lungenkrautblätter
500 ml Wein
3 EL Honig (nach Belieben)

Gewaschenes, geputztes und grob geschnittenes Lungenkraut in Wein zum Kochen bringen. 10 Minuten zugedeckt ziehen lassen, dann abfiltern. Honig zugeben, verrühren und in eine saubere Flasche füllen. Hält sich gekühlt etwa zwei Wochen.

In der Volksheilkunde wird empfohlen, bei Bedarf 3 x täglich ein kleines Stamperl Wein vor dem Essen zu trinken.

Jede Blüte hat ihren Duft.

AUS DER TÜRKEI

Gewöhnliche Hasel

(Corylus avellana L.)

regionale Volksnamen:
Haselstrauch, Haselnussstrauch

»frühlingshaft, glücksbringend, friedenstiftend, schützend«

Die Hasel und der Frühling, eine glückhafte Verbindung. Ihr sehr frühes Blühen – oft schon im Vorfrühling – ihre Wuchsfreude und Standfestigkeit machen sie zu einem wahren Symbol für den Lenz im Allgemeinen, sowie für Lebensfreude und Glück, sexuelle Potenz und Fruchtbarkeit im Besonderen.

Der Volksmund, bekannt für seine klare und direkte Sprache, fasste das alte Wissen in profane Worte:

»Viel Hasel – viel Kinder ohne Väter.«
»In die Haseln gehen.«
»Der ist aus einer Haselstaude entsprungen.«

Die Hasel galt in alten Tagen aber auch als Schutzpflanze mit einer guten Verbindung in die Anderswelt, einem Hang zur Unsterblichkeit und Macht gegen alles Böse. Vielleicht wurde sie daher vor lang vergangenen Zeiten Menschen zum Schutz auf ihrer letzten Reise ins Grab gelegt?

Wurde die *Frau Haselin* gefällt – was für ein Frevel –, konnte großes Unheil über die Hausgemeinschaft kommen. War sie doch wesentliche Nahrungsquelle, stets griffbereite Apotheke und gleichzeitig mit Weiß- und Schwarzdorn, Rose, Holunder und Vogelbeere ein Teil der überlebenswichtigen Schutzhecken, die die Gehöfte einfriedeten.

Bei all ihrer Symbolik wurde die Hasel als mächtige Zauberpflanze angesehen. So war man überzeugt, dass das Schlafen unter einer Hasel einen Blick in die Zukunft eröffnen würde. Zudem sollte eine unter dem Hemd getragene Haselrute das Erkennen von Hexen ermöglichen. Die Hasel diente auch der Hexenabwehr und Vieh konnte mit dem Schlag einer Haselgerte wirksam entzaubert werden. Apropos Gerte – die biegsamen Haselnussgerten wurden bis vor nicht allzu langer Zeit zu Züchtigungszwecken verwandt.

Da kam und vertrieb mir das Faseln,
der Vater mit biegsamen Haseln.

JOHANN GOTTFRIED SEUME (1763 – 1810)

Allen Teilen der Hasel wurden magische Wirkung zugeschrieben, natürlich besonders den Früchten, den nahrhaften Haselnüssen. So war es Fremden nicht erlaubt, mehr als eine Hand voll Nüsse von einem Strauch zu ernten.
Hildegard von Bingen sah in ihnen ein Zeichen für Wollust. Und ganz klar ist es gut genährt einfacher, gesunde und überlebensfähige Nachkommen in die Welt zusetzen.

Liebesorakel

Zwei Haseln warf ich in die Flammen,
und jeder gab ich eines Liebchens Namen:
mit lautem Knall zersprang die erste schnell,
im Feuer leuchtete die zweite still und hell,
Ach, wenn doch deine Liebe so erblühte,
wie diese Nuss im Feuer glühte.

TOMAS GRAY (1716 – 1771)

Auch im Haselholz liegt Zauber. Im antiken Rom galt ein Haselzweig als Friedenssymbol und wurde bei Verhandlungen als Zeichen der guten Absicht getragen. Feen in Märchen nutzen gerne Zauberstäbe aus Haselholz und bis heute sind die Wünschelruten wichtig zum Aufspüren von Wasseradern, aus einer Zweiggabelung des Haselnussstrauches gemacht. Haselzauber scheinen im 7. Jahrhundert so weit verbreitet gewesen zu sein, dass diese bereits in frühfränkischer Zeit in der Lex Ripuaria verboten wurden.

Ich schneide dich, liebe Ruten
dass du mir musst sagen,
um was ich dich tu fragen.
und dich so lang nit rühren,
bis du die Wahrheit tust spüren.

SPRUCH ZUM SCHNEIDEN VON WÜNSCHELRUTEN

Eine Hasel wird bis zu 100 Jahre alt und kann in dieser Zeit immer wieder auf den Stock gesetzt werden. Wuchsfreudig und widerstandsfähig wie sie ist, treibt der Strauch immer wieder aus, liefert uns Holz und versorgt uns mit Nahrung.

Die gesunden Haselnüsse enthalten unter anderem Phytosterine, Salicylsäure, 60 % Öl und hier ein hoher Anteil von ernährungsphysiologisch interessanten ungesättigten und mehrfach ungesättigten Fettsäuren. Zudem sind bis 5 % Zucker, 20 % Eiweiß, die Vitamine B1, B2, E und Calcium in den Nüssen enthalten.

In der Volksheilkunde werden die Blätter bei Leber- und Gallenerkrankungen, Darmentzündung, Entzündungen der Haut, Schleimhaut und Hämorrhoiden, die Kätzchen als schweißtreibender Tee und die Nüsse zur Anregung von Gehirn, Beruhigung der Nerven, zur Stimulierung des Immunsystems und als Hautpflegeöl verwendet.

In der Küche können die jungen Blätter, die ab März gerade aus den Knospen lugen, gemeinsam mit anderen wilden Pflanzen als spinatartiges Gemüse und getrocknete Blätter können zum Strecken von Rauchtabak genutzt werden. Blütenkätzchen fanden getrocknet und gemahlen zum Strecken von Getreide Verwendung. Die Verwendung von Haselnüssen ist, im Gegensatz zu der der Blüten und Blätter, sehr bekannt. Ab dem Herbst sind sie reif, einfach nur delikat. Und dies nicht nur für uns: auch viele Tiere profitieren von den leckeren Nüssen. Eichhörnchen, Siebenschläfer, Mäuse, Häher und Kleiber lieben sie sehr und sorgen zusätzlich für ihre Verbreitung.

HASELNUSSBLÄTTER-TEE

wirkt entzündungshemmend, blutstillend bei Entzündungen im Mund- und Rachenraum

1 EL getrocknete Haselnussblätter
150 ml Wasser

Blätter ab Mai ernten und schonend trocknen.
Mit kochendem Wasser übergießen und zugedeckt 10 Minuten ziehen lassen, dann filtern.
In der Volksheilkunde wird empfohlen bei Bedarf mehrmals täglich mit einer Tasse Tee den Mund zu spülen.

GAMSSCHINKEN-CARPACCIO MIT HASELNUSSÖL

(für 4 Personen)

100 g hauchfein geschnittener Gamsschinken
½ Handvoll Rucola
etwas fein gehobelter Parmesan
2 fein gehobelte Haselnüsse
1 Spritzer Zitronensaft
Haselnussöl

Gamsschinken gefächert auf einem Teller anrichten. Anschließend mit Rucola, Parmesan- und Haselnussspänen bestreuen. Zum Abschluss mit Zitronensaft und Haselnussöl beträufeln.

In einem leeren Haselstrauch,
da sitzen drei Spatzen, Bauch an Bauch.
Der Erich rechts und links der Franz
und mittendrin der freche Hans.

CHRISTIAN MORGENSTERN (1871 – 1914)

Weide

(Salix L.)

regionale Volksnamen:
Felber, Salche, Katzenstrauch, Korbweide, Maiholz

»frühlingshaft, biegsam, beweglich, schmerzlindernd, keusch, traurig«

Aus Sicht der Bienen lösen Weiden wahre Begeisterungsstürme aus. Kaum blühen die ersten Weiden, stürzen sich die ausgehungerten Insekten auf die Blüten der gelb blühenden Sträucher und Bäume.
Besonders interessant an den rund 300 Weidenarten ist, dass sie vom ausgehenden Winter bis in den Sommer hinein blühen. So stehen den fleißigen Bestäubern über lange Wochen hinweg wertvolle Weidegründe zur Verfügung. Den unbestrittenen Spitzenplatz für Nektar und Pollen belegt hier die Sal-Weide (Salix caprea L.), landläufig als Kätzchenweide bekannt.

Doch nicht nur Bienen erkennen die Zeichen der Zeit. Auch wir können an Weiden den beginnenden Frühling erahnen. Während der Winterzeit hängen die langen Zweige der Trauer-Weide (Salix babylonica L.) schaukelnd, kahl, fast bis zum Boden im kalten Winterwind. Doch eines schönen Tages, man ahnt es nur, sprießt ein erster grüner Flaum, der den Frühlingsbeginn ankündigt.

So positiv und freudig diese Frühlingskunde auch ist, die Weide steht ebenso für Regen und Regenzauber, Keuschheit, Gefahr und Tod. Der Bezug von Wasser zu Gefahr und Tod reicht sehr weit in unsere Vergangenheit zurück. Weiden sind Pioniergehölze, stellen daher nur sehr geringe Ansprüche an den Boden, brauchen aber ausreichend Wasser. Daher sind sie häufig an unwirtlichen Stellen, an Bach- und Flussläufen oder gar in Mooren anzutreffen. Orte, die in früheren Zeiten unheimlich, gefährlich und daher ausgesprochen übel beleumundet waren. Mütter hatten Angst um ihre im Freien spielenden Kinder. Wie leicht konnte man ins Wasser fallen, ertrinken oder für immer im Moor versinken.

Zudem waren Weiden sehr mystische Bäume. Löcher in ihren Stämmen wurden als Durchgänge in die Anderswelt gesehen und im nördlichen Europa haben die alten Begriffe für Weiden *willow* und Hexen *witch* den gleichen Wortstamm. Aber auch im Jüdisch-christlichen wird die Weide konträr gesehen. Einerseits hat sich Judas angeblich an einer Weide erhängt, andererseits werden an Ostern Palmkätzchen zum Schutz von Haus und Familie geweiht.
Aber genug der Düsternis. Was für einen beeindruckenden Anblick bieten große Trauer-Weiden, trotz ihres Namens, wenn sie triefend vom ersten lauen Frühlingsregen, das Sonnenlicht in tausenden jungen flirrenden Blättern spiegeln und dampfend in der neuerlichen Sonnenwärme stehen. Und wie schön ist es unter einem solchen Baum, bestens beschattet, Kaffee und Kuchen zu genießen.

Das Weidenkätzchen

Kätzchen ihr der Weide,
wie aus grüner Seide,
wie aus grauem Samt!
O, ihr Silberkätzchen,
sagt mir doch ihr Schätzchen,
sagt, woher ihr stammt!
»Wollens gern dir sagen:
wir sind ausgeschlagen
aus dem Weidenbaum,
haben winterüber
drin geschlafen, Lieber,
in tieftiefem Traum.«

CHRISTIAN MORGENSTERN (1871 – 1914)

Die Weide zählt durch die Glycoside der Salicylsäure, beispielsweise Salicin, zu einer der wichtigsten Heilpflanzen überhaupt. Aber auch Gerbstoffe und Flavonide sind vorhanden. Vor allem die Rinde der Silber-Weide (Salix alba L.) enthält eine Vorstufe des sogenannten pflanzlichen Aspirins. Im frühen 19. Jahrhundert isolierte man erste wirksame Inhaltsstoffe. Das heutige Aspirin ist eine chemische Weiterentwicklung der in der Weide natürlich vorkommenden Salicylate. Schon vor langer Zeit haben unsere Vorfahren festgestellt, dass die Rinde der

Weide schmerzstillende und fiebersenkende Eigenschaften besitzt. In Zeiten als es noch ein absoluter Luxus war zum Arzt zu gehen, wurde die Rinde mit Wasser als Tee aufgekocht und bei fieberhaften Erkältungskrankheiten, Malaria und bei akuten und chronischen Schmerzen den Kranken verabreicht. Während und nach den Weltkriegen, als Schmerzmittel knapp waren, gewannen Weidenrindenaufgüsse wieder an Bedeutung. Einen wichtigen Werkstoff stellten die elastischen Weidenzweige dar, zum einen für die Bauwirtschaft und zum anderen für die Korbflechter. Bei den Fachwerkhäusern wurden die Räume zwischen den Balken mit Weidenästen und -zweigen ausgeflochten, um dann mit Lehm geputzt zu werden. Für das Herstellen von Körben und sonstigen Behältnissen eignet sich kein Zweigmaterial so gut wie das der Weide.
Heute werden einjährige Weidenruten gerne genutzt, um lebende Zäune oder Tipis zu pflanzen. Zum Glück sind die Weiden sehr triebfreudig und überstehen das Abernten gut. Mit der Zeit verwandeln sie sich einfach in sogenannte Kopfweiden.

Wichtig: Für alle Anwendungsmöglichkeiten gilt folgendes: Nicht geeignet für Schwangere, Stillende und Kinder. Auch bei allergischen Reaktionen auf Salicylate, spastischer Bronchitis und Asthma bronichale ist Abstand zu nehmen.
Die Verträglichkeit von Weidenrinde wird unterschiedlich bewertet. Manchmal können wegen der Gerbstoffe gastrointestinale Beschwerden auftreten.
Die Wirkung der Tees setzt erst nach etwa 3 Stunden ein.

WEIDENRINDEN-TEE

entzündungshemmend, schmerzlindernd, schweißtreibend, fiebersenkend, harntreibend – hilfreich gegen Schmerzen, Fieber, rheumatische Beschwerden

1 TL klein geschnittene Weidenrinde
150 ml Wasser

Die Äste 2- bis 3-jähriger Weiden zwischen April und Mai ernten, schälen, gleich verwenden oder zur Bevorratung trocknen. Die benötigte Rindenmenge mit kaltem Wasser ansetzen, langsam zum Sieden bringen, dann noch 5 Minuten ziehen lassen und abfiltern.

In der Volksheilkunde wird empfohlen 3 bis 5 Tassen Tee täglich zu trinken.

TEE BEI RÜCKENSCHMERZEN

schmerzstillend, entzündungshemmend – hilfreich bei Hexenschuss

je 10 g Kamillen-, Linden- und Mädesüßblüten, Weidenrinde

Alle Zutaten gut mischen. 1 EL der Mischung mit 150 ml kochendem Wasser übergießen, 10 Minuten zugedeckt ziehen lassen, dann abfiltern.

In der Volksheilkunde wird empfohlen bei Bedarf 3 x täglich eine Tasse Tee zu trinken.

Es neigt ein **Weidenbaum** sich übern Bach
und zeigt im klaren Strom sein graues Laub,
mit welchem sie fantastisch Kränze wand
von Hahnfuß, Nesseln, Maßlieb, Kuckucksblumen.
Dort, als sie aufklomm, um ihr Laubgewinde
an den gesenkten Ästen aufzuhängen,
zerbrach ein falscher Zweig, und nieder fielen
die rankenden Trophäen und sie selbst
ins weinende Gewässer. Ihre Kleider
verbreiteten sich weit und trugen sie
Sirenen gleich ein Weilchen noch empor,
indes sie Stellen alter Weisen sang,
als ob sie nicht die eigne Not begriffe,
wie ein Geschöpf, geboren und begabt
für dieses Element. Doch lange währt' es nicht,
bis ihre Kleider, die sich schwer getrunken,
das arme Kind von ihren Melodien
hinunterzogen in den schlamm'gen Tod.

HAMLET, WILLIAM SHAKESPEARE (1564 – 1616)

Schaumkraut

(Cardamine L.)

regionale Volksnamen:

WIESENSCHAUMKRAUT (Cardamine pratensis L.)
Kuckucksblume, Storchenblume, Fronleichnamsblume, Himmelfahrtsblume, Frohnleichnamsblume, Landgemeinblümli, Bettbrunzer, Gauchblume, Wiesenkresse, Wilde Kresse

VIERMÄNNIGES SCHAUMKRAUT (Cardamine hirsuta L.)
Vierstängeliges Schaumkraut, Behaartes Schaumkraut, Ruderal-Schaumkraut, Garten-Schaumkraut

BITTERES SCHAUMKRAUT (Cardamine amara L.)
Bittere Kresse, Bitterkresse, Falsche Brunnenkresse

»ausleitend, reinigend, kräftigend«

Auch Schaumkräuter, die zur Familie der Kreuzblütler gehören, sind alte Menschheitsbegleiter. So haben sie auch die Ehre im altenglischen 9-Kräuer-Segen aus dem 8. Jahrhundert genannt zu werden.

Stune [Schaumkraut/Lammkresse] heißt
dieses Kraut, es wuchs auf dem Stein;
es steht gegen Gift, es widersetzt sich dem
Schmerz.
»Stark«, heißt es, es widersetzt sich dem Gift,
es verjagt den Feind, wirft das Gift hinaus.
Dies ist das Kraut, das gegen die Schlange
focht,
dies hat Macht gegen Gift, es hat Macht
gegen Ansteckung,
es hat Macht gegen das Übel, das über
Land fährt.

Die aromatischen Schaumkräuter haben sich im Laufe ihrer Entwicklungsgeschichte an unterschiedliche Bodenverhältnisse angepasst.
Das zarte, duftige Wiesenschaumkraut liebt, wie es der Name schon verrät, feuchte Böden und ist besonders auf Fett- und Nassweiden, in Uferbereichen, Fachmooren, Auen und Laubwäldern zu finden. Der Nektar seiner Blüten gehört, wie die der Knoblauchsrauke, zu den Lieblingsspeisen des Aurorafalters. Seine Eier können mit einem scharfen Blick auf Blattunterseiten entdeckt werden.
Gleichzeitig ist das Wiesenschaumkraut die Kinderstube für die Wiesenschaumzikade. Um auf die zunehmende Gefährdung des ökologischen Lebensraums Feuchtwiesen hinzuweisen, wurde es zur Blume des Jahres 2006 gekürt.

Noch ein bisschen nässer bevorzugt es das Bittere Schaumkraut. Sumpfige Stellen an Gräben, Bachufern, Waldsümpfen und dauerfeuchte Überschwemmungsfluren sind sein Revier.
Dagegen mag es das kleine Viermännige Schaumkraut schon fast trocken und kommt an Wegrändern, auf Äckern, in Parkanlagen und Gärten vor.

Wie es einige der Trivialnamen schon vermuten lassen, blühen Schaumkräuter im Frühjahr. Sie zeigen ihre reinweißen bis ins rötlich-violette übergehenden Kronblätter ausgiebig von März bis Juni, manche auch noch ein zweites Mal im Herbst. Die Staubbeutel sind dabei gelb oder violett.

In sich haben es aber alle Schaumkräuter, wie es die Verwandtschaft zur scharfen Brunnenkresse vermuten lässt. Es sind neben den Bitter- und Mineralstoffen und der großen Menge an Vitamin C besonders die Senfölglykoside, die die Pflanze so lecker und gesund machen. Diese wirken desinfizierend, keimtötend, durchblutungsfördernd, anregend, fördern die Wundheilung, stimulieren die Niere und schmecken gut.
In der Volksmedizin werden Schaumkräuter bei Husten und Asthma, gegen rheumatische Beschwerden, durchblutungsfördernd und blutreinigend eingesetzt.

Großartiges bieten die Schaumkräuter in der Küche. Wunderbar würzig im Smoothie, Pesto oder Kräuterquark, lecker frisch im Salat, auf dem Butter- oder Käsebrot oder der Eierspeise, fein als Unterstützung im Gemüsegericht.

PURER GENUSS

1 Handvoll grob gehacktes Gartenschaumkraut
frisches Bauernbrot
Butter

Brot mit Butter bestreichen, mit Gartenschaumkraut bestreuen und einfach genießen.

SPARGEL MIT SCHAUMKRAUT-TOPPING

(als Hauptgericht für 4 Personen)

2 Handvoll Viermänniges Schaumkraut
2 kg weißer Spargel
4 EL Olivenöl
1 EL flüssiger Honig
2 EL Butter
1 TL Salz
etwas Pfeffer
½ Handvoll Frühlingsblüten (z. B. Schaumkraut, Gänseblümchen, Lungenkraut)

Gewaschenes Schaumkraut putzen, trocken tupfen und fein hacken. Spargel schälen, holzige Enden abschneiden und in 4 cm lange Stücke schneiden. In Olivenöl anbraten, Honig zugeben und unter Wenden goldbraun braten. Sobald der Spargel bissfest ist, Salz, Pfeffer und Butter zugeben. Kurz weiter braten. Direkt vor dem Servieren mit Schaumkraut bestreuen.

Tipp: Schmeckt auch mit der Schaumkraut-Paste beträufelt.

SCHAUMKRAUT-PASTE

(ergibt ca. 150 ml)

stoffwechselanregend, ausleitend – Frühjahrskur, hilfreich bei rheumatischen Beschwerden

2 Handvoll frisches, leicht grob gehacktes Viermänniges Schaumkraut
100 ml hochwertiges Olivenöl

Schaumkraut grob hacken und mit einem Teil des Öls mörsern bis eine homogene Masse entstanden ist.
Das restliche Öl zugeben und vermengen. Alternativ kann selbstverständlich auch ein leistungsfähiger Mixer genutzt werden.

In der Volksheilkunde wird empfohlen bei Bedarf 2 x täglich 1 TL der Schaumkraut-Paste pur oder mit einem Stück Brot zu essen.

Tipp: Vermischt mit etwas geriebenen Parmesan, Mandeln oder Sonnenblumenkernen und einer Prise Salz ist in Windeseile ein schmackhaftes Pesto gezaubert.

Alle Vögel sind schon da,
alle Vögel, alle.
Welch ein Singen, Musiziern,
Pfeifen, Zwitschern, Tiriliern!
Frühling will nun einmarschiern,
kommt mit Sang und Schalle.

Wie sie alle lustig sind,
flink und froh sich regen!
Amsel, Drossel, Fink und Star
und die ganze Vogelschar
wünschen dir ein frohes Jahr,
lauter Heil und Segen.

Was sie uns verkünden nun,
nehmen wir zu Herzen:
Wir auch wollen lustig sein,
lustig wie die Vögelein,
hier und dort, feldaus, feldein,
singen, springen, scherzen.

HOFFMANN VON FALLERSLEBEN (1798 – 1874)

Stelle dich an einem schönen Frühlingstag in die Natur. Schließe die Augen. Öffne die Hände zur Schale und versuche, ganz im Augenblick zu sein. In deinen Händen öffnest du deinen ganzen Leib und hältst dich der Sonne und dem Wind hin und in den Elementen der Natur Gott selbst, der dich in der Sonne und im Wind berührt.

ANSELM GRÜN

Waldmeister

(Galium odoratum (L.) SCOP.)

regionale Volksnamen:
Wohlriechendes Labkraut, Waldmeier, Waldmännlein, Mösch, Maienkraut, Herzensfreund, Leberkraut

»bescheiden, frühlingshaft, duftig«

Wo finde ich diesen herrlich aromatisch, nach Heu und Vanille duftenden Frühlingsboten?
Besonders erfolgversprechend ist die Suche in nährstoffreichen Buchenwäldern oder anderen Laubmischwäldern mit lockeren Böden bis zu einer Höhe von 1.400 Metern. Finden kann man ihn in fast ganz Europa, im nordwestlichen Afrika, im Kaukasus, in China, Japan und Korea. In den Wäldern bedeckt die glückbringende Pflanze den Waldboden mit hellgrünen Matten. Die

Namensgebung deutet auf die Wichtigkeit der Pflanze hin: Meister des Waldes. Früher soll er als Mittel gegen Zauberkräfte verwendet worden sein. Angeblich konnte man mit einer Mischung aus Waldmeister und Johanniskraut Hexen vertreiben.

Ab Ende April strahlen die ersten leuchtend weißen Sternchenblüten. Zusammen bilden die Blüten kleine, den Waldmeister beschirmende, Rispen. Besonders ins Auge springt die auffällige Anordnung seiner Blätter. Sie stehen in mehretagigen Quirlen rund um den vierkantigen Stängel des Krautes.

Aber nicht nur seine äußere Erscheinung ist ungewöhnlich, auch seine inneren Werte sind bemerkenswert. Ein ganz spezieller Wirkstoff des Waldmeisters, das Cumarin, ist leicht am typischen Duft nach frischem Heu zu erkennen.

Beim Pflücken des Kräutleins werden unweigerlich Zellen verletzt und das Cumarin, zuvor an ein Glycosid gebunden, wird enzymatisch freigegeben. Gleiches geschieht beim Trocknen der Pflanzen.
Es ist ein toller Wohlgeruch, so wundert es nicht, dass das Waldmännlein bereits seit vielen Jahrhunderten die Menschen zu allerlei kulinarischen Genüssen inspiriert hat. Zudem stimmt in diesem Fall: Was gut schmeckt, ist auch gesund.

Gemeinsam mit weiteren interessanten Inhaltsstoffen wie Gerb- und Bitterstoffe, Flavonoide und Iridoide wirkt der Waldmeister entzündungshemmend, gefäßerweiternd, gewebsentwässernd, lymphflussanregend, leicht beruhigend und krampflösend auf uns Menschen. In der Volksheilkunde setzt man ihn bei Durchblutungsstörungen, Venenschwäche, Unterleibsschmerzen, bei Beschwerden der Leber, Gallenblase und Nieren, bei Hauterkrankungen, zur Stärkung von Nerven und Herz und als Beruhigungsmittel bei Schlafstörungen ein.

Eines ist jedoch zu beachten: Bei höherer Dosierung ist wegen des Cumaringehalts mit Kopfschmerzen zu rechnen und bei längerer Einnahme sind sogar Leberschäden möglich. Dem ist jedoch sehr einfach entgegenzuwirken. Den Waldmeister ganz einfach sparsam dosieren.

Bei der Maibowle sind drei Gramm frisches Kraut auf einen Liter des erfrischenden Getränks ein gutes Maß. Übrigens: Der Cumaringehalt bleibt auch nach der Blüte gleich. Der Waldmeister wird nicht giftig. Nur die Stängel und Blätter werden hart und sind nicht mehr so lecker.
Daran gehalten, gilt noch immer der alte Spruch: »Waldmeister stärkt das Gehirn und erfreut das Herz«.

In der Küche ist der Waldmeister natürlich absoluter Favorit zur Aromatisierung von Süßspeisen. Cremes, Pudding, Eis – fast jedes Dessert lässt sich verfeinern. Die Blätter dienen aber auch als Gewürz für Gemüsegerichte und für Tees. Die Blüten lassen sich zur Herstellung eines Kräuterweins verwenden.

Aber auch im Kleiderschrank kann der Waldmeister eine große Hilfe sein. Ein

Sträußchen reingehängt, beduftet nicht nur die Wäsche, sondern es vertreibt auch die ungeliebten Motten.

WALDMEISTER-APFEL-BOWLE

(ergibt ca. 2 l)

1 l Apfelsaft
1 l sprudeliges Mineralwasser
Saft von 2 Zitronen
5 bis 8 Stängel Waldmeister
extra Scheiben einer Bio-Zitrone
Eiswürfel

Waldmeister waschen, leicht trocken schütteln und zu einem Kräutersträußchen binden. In den Apfelsaft hängen, kräftig drücken und kühl gestellt circa 2 Stunden ziehen lassen.
Dann das Waldmeistersträußchen herausnehmen und Waldmeisterauszug mit Zitronensaft und Mineralwasser aufgießen. Zitronenscheiben und Eiswürfel nach Belieben zugeben.

Die Waldmeisterbowle wurde 854 von dem Benediktinermönch Wandalbertus in Prüm in der Eifel kreiert. Er verwendete damals wahrscheinlich das übliche Sauerbier. Der Vorläufer der beliebten Berliner Weiße mit Schuss.

Übrigens ist echte Waldmeisterbowle niemals grün.

DUFTENDES SCHLAFKISSEN

beruhigend, entspannend, schlafförderned

gleiche Teile getrocknete Kräuter:
Waldmeister, Melisse, Minze, Lavendel- und Rosenblütenblätter

Kräuter und Blüten gut mischen, in ein hübsches Stoffsäckchen füllen und sorgfältig zubinden.
Neben dem Kopfkissen platzieren und vor dem Zubettgehen kurz drücken.

WALDMEISTER-TEE

beruhigend und schlaffördernd

1 TL getrocknetes Waldmeisterkraut
150 ml Wasser

Waldmeister mit kochendem Wasser übergießen, zugedeckt 10 Minuten ziehen lassen, dann durch ein Sieb abgießen.
In der Volksheilkunde wird empfohlen bei Bedarf ½ Stunde vor dem Zubettgehen eine Tasse Tee zu trinken.

In der Tiefe eurer Hoffnungen und Wünsche
liegt euer stilles Wissen um das Jenseits;
Und wie Samen, der unter dem Schnee träumt,
träumt euer Herz vom Frühling.
Traut den Träumen, denn in ihnen ist
das Tor zur Ewigkeit verborgen.

KHALIL GIBRAN (1883 – 1931)

Esche

(Fraxinus L.)

»inspirierend, licht, kämpferisch, hält die Welt im Lot«

Nach alten germanischen Vorstellungen ist die Esche Stütze und Achse der Welt. Sie wird daher Weltenbaum genannt. Yggdrasil, die Weltenesche, ist das wichtigste Exemplar. Der Initiationsbaum der Schamanen verbindet mit seinen drei Wurzeln die unterschiedlichen Welten. Nach den Überlieferungen hing Odin neun Tage kopfunter in ihr und erfuhr so das Geheimnis der Runen und der inspirierten Sprache. Einen kleinen Nachhall dieser Geschichte gibt es in der bayerischen Volksmedizin. Hier wird bei Sprachlosigkeit ein Eschenholzsplitter unter die Zunge gelegt.

Eine Wurzel führt in die Götterstadt Asgard, die zweite zum Riesenland Jotunheim und die dritte nach Niflheim, der Unterwelt. Unweit des Weltenbaumes entspringt die Quelle

Mimir, die für innere Einkehr und Erinnerung steht. Bei ihr hat der Göttervater Odin eines seiner Augen als Pfand gelassen und zu ihr kommt er immer wieder zurück, um seine Weisheit aufzufrischen.

Eine Esche weiß ich, heißt Yggdrasil,
den hohen Baum netzt weißer Nebel;
davon kommt der Tau, der in die
Täler fällt.
Immergrün steht er über Urds Brunnen.

EDDA VON KARL SIMROCK (1802 – 1876)

Drei Nornen wohnen am Urdbrunnen, bewässern die Wurzeln des Weltenbaums und bestimmen das Schicksal der Menschen. Täglich reisen die Götter über die Regenbogenbrücke, um im Schatten Yggdrasils Gericht zu halten. Von den Blättern des Weltenbaumes nähren sich zwei Hirsche und die Ziege Heidrun, die nach altem Glauben auf dem Dach Walhallas steht. Über Yggdrasil wacht ein Adler, das geheiligte Tier Odins und kämpft mit dem Drachen Nidhögg, der an ihrer Wurzel nagt. Ein Sinnbild für den steten Kampf von Gut und Böse, Licht und Dunkelheit. Irgendwann, soviel ist gewiss, wird Yggdrasil fallen und der Weltenuntergang Ragnarök folgt. Aber nach dem Ende steht, wie immer, ein Neubeginn.

In der griechischen Mythologie spielte die Esche ebenso eine wichtige Rolle. Der heilkundige Centaur Chiron fertigte aus dem Holz einer heiligen Esche den Speer an, mit dem Achilles den trojanischen Helden Hector tötete. Amors Pfeile sollen ebenfalls eschenhölzern gewesen sein.

Also droht' er daher; da erhob der edle
Achilleus
Pelions ragende Esch, allein zwo Lanzen
zugleich warf
Asteropäos der Held, der rechts mit jeglicher
Hand war.
Eine traf des Schildes Gewölb ihm; aber
hindurch nicht
brach sie den Schild; denn es hemmte das
Gold, die Gabe des Gottes.
Aber die andere streift' ihm den rechten Arm
an der Beugung,
dass ihm dunkelstes Blut vorrieselte. Über
ihm selbst dann
stand sie gebohrt in die Erde, voll Gier, im
Fleische zu schwelgen.
Jetzo schwang auch Achilleus die gradan-
stürmende Esche
hin auf Asteropäos, ihn auszutilgen verlan-
gend.
Doch ihn selbst verfehlt' er und traf das
erhabene Ufer,
dass bis zur Hälft in das Ufer die eschene
Lanze hineindrang.

ILIAS, HOMER (ca. 8. JHD. V. CHR.)

Da Eschen gerne auf feuchten Böden wachsen, glaubte man früher an ihre Macht über das Wasser. So trugen Druiden Stäbe aus Eschenholz, keltische Fischer bauten die Gerippe und Ruder ihrer Boote aus ihrem Holz und irische Auswanderer trugen bei ihrer Überfahrt nach Amerika ein Stück Eschenholz bei sich. Dieser Brauch führte schließlich zur Abtragung der heiligen Esche von Creevna.
Viele Ortsnamen wie Aschau, Eschenbach oder Eschenlohe weisen auch heute noch

einen engen Bezug zu Eschen und vermutlich früheren Heiligtümern auf.

Die Esche ist ein schnellwüchsiger Pionierbaum, der im Tiefland gerne Bach- und Flussläufe säumt und dabei mit seinen Pfahlwurzeln den Uferbereich befestigt.

Im Frühjahr gibt sie sich leicht an ihren auffälligen, kurzen schwarzen Knospen mit schwarzen, filzigen Haaren zu erkennen. Markant hängen im Frühling ihre männlichen Blüten an den noch kahlen Zweigen. Ebenso außergewöhnlich sind die geflügelten Nussfrüchte, die im Herbst reif sind und dann zu Boden fallen.

Eschen werden 200 bis 300 Jahre alt und ab einem Alter von 100 Jahren gelten sie als schlagreif. Ihr Holz ist zäh, elastisch und strapazierfähig und sehr beliebt beim Werkzeug- und Möbelbau. Besonders ältere Stämme entwickeln einen bräunlichen Farbkern. Wenn dieser besonders ausgeprägt ausfällt, erinnert die Färbung an das Holz des Ölbaumes und wird als Olivesche teuer gehandelt.

In der Rinde und den Blättern sind unter anderem Flavonoide, Sterole, Gerbstoffe, Cumarine, ätherisches Öl, Apfelsäure und Schleimstoffe enthalten. Die Wirkung auf den Menschen ist leicht abführend, fiebersenkend, entzündungshemmend und schmerzstillend.
Hippokrates empfiehlt eine Zubereitung aus Rinde und Früchten gegen Gicht und Rheuma. Gleiches gilt auch für die Volksmedizin.

Hildegard von Bingen (1098 – 1179) sieht in dem Symbol für männliche Stärke, Licht und Sonne eher ein *»Sinnbild der besonnenen Einsicht«*.

Auch einen heilkundlichen Rat wusste sie: *»Und wenn jemand in der Seite oder in irgendeinem anderen Glied von der Gicht geplagt wird, wie wenn alle seine Glieder gebrochen und zerstoßen wären, dann koche Eschenblätter in Wasser, und lege den Kranken nackt auf ein Leinentuch, und wenn das Wasser abgegossen ist, dann wickle ihn mit den so gekochten und warmen Blätter überall ein, besonders aber an der Stelle, wo es schmerzt. Und tue dies oft und es wird ihm besser gehen.«*

Ab April ist der Saisonstart für die Küche mit Esche. Jetzt sind die Blätter jung und zart und eignen sich als leicht bittere Zugabe für Salate und Gemüse. Gleiches gilt für die jungen Schösslinge der Esche. Die jungen noch unreifen Früchte stehen ab Juni parat. Diese mitsamt ihrer weichen Flügelchen, unter mehrfachen Austausch des Wassers, kochen und beispielsweise in Gemüsefüllungen verwenden. Getrocknete und gemahlene Samen dienen als herbes Backgewürz. Aus den reifen Blättern lässt sich ein würziger Tee zubereiten.

ESCHENBLÄTTER-TEE

hilfreich bei Fieber, rheumatischen Erkrankungen, Gicht und Verstopfung

2 TL getrocknete Eschenblätter
150 ml Wasser

Blätter im Mai oder Juni sammeln. Frisch verwenden oder getrocknet bevorraten.
Bei Bedarf eine Portion mit heißem Wasser übergießen, 10 Minuten abgedeckt ziehen lassen und dann abfiltern.

In der Volksheilkunde wird empfohlen täglich 2 bis 3 Tassen Tee zu trinken.

HEILENDER GEIST DER ESCHE

traditionelle Rezeptur für Einreibungen bei rheumatischen Beschwerden und Rückenschmerzen

Eschensamen mit Flügelchen
Wacholderbeeren
Melissenblätter
Majoran oder Dost
Pfefferminzblätter
Trinkalkohol 38 Vol.-%

Die benötigte Zutatenmenge hängt von der Größe des Ansatzgefäßes ab.
Ein weithalsiges Schraubglas bis zur Hälfte mit den Kräutern füllen, dann mit Korn aufgießen und 6 Wochen bei Zimmertemperatur ziehen lassen. Dabei gelegentlich aufschütteln.

Gefiltert in einer Lichtschutzflasche aufbewahren. Hält sich mindestens ein Jahr.

In der Volksheilkunde wird empfohlen, die schmerzende Stelle bei Bedarf mit dem Ansatz einzureiben.

Tipp: Da Alkohol austrocknend wirkt, die Haut nach der Einreibung eincremen.

Löwenzahn

(Taraxacum L.)

regionale Volksnamen:
Kuhblume, Maiblume, Butterblume, Bettsorcher
und noch weitere 500 Regionalnamen

»fröhlich, gesellig, reinigend, ausleitend«

Die Kuhblume schmeckt Kühen, das ist klar. Maiblume wird er genannt, da die tolle Pflanze Anfang des Wonnemonats in voller Blüte steht. Buttrig gelb strahlen seine Körbchenblüten auf den Wiesen und werden eifrig von fleißigen Bienen besucht. Etwas derber, aber trotzdem sehr treffend ist der Name Bettsorcher. Hier wurde wiederum gut beobachtet und ganz richtig festgestellt: der Löwenzahn besitzt harntreibende Eigenschaften. Jetzt stellt sich nur noch die Frage, warum der Löwenzahn eigentlich Löwenzahn heißt? Bitte dazu einfach seine stark gezähnten Blätter mit etwas Fantasie betrachten und intensiv an den majestätischen König der Serengeti denken.

Auch im bayerischen Voralpenland kann man grandiose Landschaftsbilder betrachten. Besonders im Frühjahr, wenn auf den sanften grünen Hügeln abertausende von gelben Löwenzahnblüten leuchten. Auf einer kleinen Kuppel steht eine Kapelle mit dem typischen Zwiebelturm und im Hintergrund runden die blauen Berge mit ihren noch weißen Spitzen das Bild ab. Das ist ein Blick ins Paradies, zumindest für jeden Altbayern.

Allerdings bedeuten diese Wiesen, die oft als Kraftfutter für im Stall lebende Kühe dienen, dass der Boden stark gedüngt und daher sehr stickstoffreich ist. Wildblumen können unter diesen Bedingungen nicht wachsen, was die Artenvielfalt im Tier und Pflanzenreich beschränkt.

Löwenzahn symbolisiert unter anderem die christliche Lehre und deren Ausbreitung. So ist das bekannte Wildkraut im beginnenden 15. Jahrhundert auf nahezu jedem Tafelbild in der Nähe Marias zu finden.

Aber nicht nur seine gelben Blüten, die sich bei Sonnenschein öffnen, begeistern, sondern auch seine trickreiche Fortpflanzung. Eine Löwenzahnblüte besteht aus bis zu 400 Einzelblüten. Jede dieser Blüten kann einen eigenen Samen entwickeln. Sie hängen, verbunden durch einen schlanken Stiel, jeweils an einem raffinieren Flugapparat, Pappus genannt.

Wer kennt sie nicht, die kleinen Fallschirme? Sie können über 15 Kilometer weit fliegen, sind mehrere Jahre keimfähig und Leonardo da Vinci nahm sie als Vorbild seiner Fallschirmkonstruktion.

Der Löwenzahn hat noch andere, ganz erstaunliche Fähigkeiten. Durch seine bis zu zwei Meter langen, kräftigen Wurzeln kann er nicht nur trockene Standorte erschließen, sondern sogar Asphalt sprengen oder Gehwegplatten verschieben.
Seine Blüte wird von über 40 Falterarten als Nahrungsquelle genutzt und um ein Kilo Löwenzahnblütenhonig mit seinem besonderen, leicht bitteren Aroma zu sammeln, muss eine Biene ungefähr 125.000 Blüten anfliegen.
Morgenstund hat Gold im Mund: Besonders lohnend ist der Blütenbesuch für sie um 9 Uhr morgens. Zu dieser Tageszeit wird am Grund des Griffels extra viel Nektar abgegeben.

Besonders ist auch, dass alle Pflanzenteile nutz- und essbar sind. Löwenzahnmilch ist nicht giftig. Diese Geschichte gehört in das Reich der Märchen. Sie wird immer wieder gerne von Eltern erzählt, die keine Lust haben, sich mit schwer zu entfernenden Löwenzahnmilchflecken auf Lieblingskleidungsstücken herumzuärgern.

Aber ein bisschen Achtsamkeit ist trotzdem sinnvoll. Milchsaft kann in seltenen Fällen eine Kontaktallergie auslösen oder bei Aufnahme von großen Mengen zu Magen-Darm-Beschwerden führen. Außerdem gehört der Löwenzahn zur Familie der Korbblütler und kann bei Personen mit entsprechender Veranlagung Allergien auslösen.

Die Blütenblätter schmecken honigartig süß und sind für die Herstellung von Gelee und Sirup oder als Beigabe und Deko für Salate oder Süßspeisen geeignet.
Aus den noch geschlossenen Knospen lassen sich Chutneys herstellen, man kann sie wie Kapern einlegen oder als Gemüse braten.
Jungen Blätter sind kleingehackt eine tolle Bereicherung in Salaten, Suppen oder Eintöpfen.
Aus den Wurzeln kann in der Herbst- und Winterszeit mit etwas Aufwand ein schmackhaftes Gemüsegericht oder süffiger Likör hergestellt werden.

Dank seiner gesunden Inhaltsstoffe wie Vitamine, Mineralien, Flavonoide und vor allem der Bitterstoffe gilt der Löwenzahn als stoffwechselanregend, harntreibend, verdauungsfördernd und entzündungshemmend. In der Volks- und Alternativmedizin findet er daher regelmäßig zur stoffwechselanregenden Frühjahrskur, bei Appetitlosigkeit, Verdauungsbeschwerden, Störungen des Gallenflusses und bei rheumatischen Beschwerden Anwendung.

Der Löwenzahn ist ein vorzügliches Kraut, dass es jedermann kennen und lernen sollte, wie nützlich es zu verwerten ist. Für Leberkranke ist es sehr zu empfehlen.

PFARRER KNEIPP (1821 – 1897)

LÖWENZAHN-TEE

zur stoffwechselanregenden Frühjahrskur

4 TL frische Löwenzahn-Blätter
150 ml Wasser

Löwenzahnkraut leicht zerkleinern, mit heißem Wasser aufgießen und circa 5 Minuten ziehen lassen. Dann abseihen.

Regt den Stoffwechsel an, fördert die Verdauung und wirkt leicht entwässernd.

In der Volksheilkunde wird empfohlen 2 bis 3 Tassen täglich jeweils vor den Mahlzeiten zu trinken. Um den Flüssigkeitsverlust auszugleichen, anschließend ein Glas Wasser zu sich nehmen.

SÜFFIGER LÖWENZAHN-WURZEL-KAKAO-LIKÖR

(ergibt ca. 1 l Likör & 400 ml Rückstand)

bitter-süß und unglaublich lecker

30 g getrocknete Löwenzahnwurzel
80 ml Wasser
360 g Rohrzucker
40 g Kakaopulver
1 aufgeschnittene Vanilleschote
1.200 ml Doppelkorn 38 Vol.-%
100 ml Cognac 38 Vol.-%

Löwenzahnwurzeln für einen kleinen Vorrat im Herbst bis in das beginnende Frühjahr ernten. Gut gesäubert und klein geschnitten nicht über 40 °C trocknen.
Dunkel und trocken aufbewahren.

Für den Likör die benötigte Wurzelmenge bei 200 °C Ober-/Unterhitze im Backofen rösten.
Bitte gut aufpassen, denn sie können sehr schnell verbrennen.
Dann die Wurzeln fein mahlen.

Wasser und Zucker in einem Topf unter Rühren erhitzen bis der Zucker komplett gelöst ist.
Löwenzahnwurzel- und Kakaopulver gemeinsam mit der Zuckerlösung in ein weithalsiges Schraubgefäß füllen, Vanilleschote zugeben und alles vermengen.
Sobald diese Mischung abgekühlt ist, mit Alkohol aufgießen.
Abermals gut vermischen.

Etwa 3 Wochen ziehen lassen, dabei gelegentlich aufschütteln.
Durch ein feines Sieb filtern und den Likör in saubere Flaschen füllen.

Tipp: Filterrückstand aufbewahren und zum Backen hernehmen. Gewöhnlicher Marmorkuchen wird so zum besonderen Geschmackserlebnis. Einfach die im Rezept angegebene Kakaomenge durch Rückstand ersetzen.

LÖWENZAHNBLÜTEN-»HONIG«

Drei Handvoll frische, gerade aufblühende Löwenzahnblüten ernten und mit einem halben Liter Wasser aufkochen.
Anschließend abkühlen lassen und abseihen.
Die Flüssigkeit auffangen und mit Wasser auf einen halben Liter ergänzen.
Ein halbes Kilo Zucker – alternativ Honig – einrühren und alles köchelnd auf die Hälfte reduzieren.

LÖWENZAHNBLÜTEN-TIRAMISU

(für 4 Personen)

2 Handvoll Löwenzahnblüten
2 Eigelb
70 ml Löwenzahnblüten-»Honig«
200 g Mascarpone
2 Tassen kalter Espresso
20 ml Löwenzahnwurzel-Kakao-Likör – alternativ Amaretto
120 g Löffelbiskuits
Kakaopulver
ein paar extra Löwenzahnblüten als Deko

Gelbe Zungenblüten aus den Löwenzahnblütenkörbchen auszupfen. Eigelb mit Löwenzahnblüten-»Honig« und Mascarpone schaumig rühren. Dann die Löwenzahnblüten unterheben.

Ein paar Blüten zum Garnieren zurückbehalten.

Espresso mit Löwenzahnblütenlikör vermischen. Löffelbiskuit damit beträufeln und in eine längliche Form schichten. Mit Mascarponecreme bedecken. Diese Schichtung wiederholen.

Mindestens 1 Stunde kühl stellen und ziehen lassen.

Kurz vor dem Servieren mit Kakaopulver bestäuben und mit Löwenzahnblüten ausgarnieren.

Staunen können
die Wunder des Lebens entdecken
in den verschiedenen Regentropfen
im Einatmen der Blumendüfte
Staunen können
den Überraschungen des Lebens begegnen
im langsamen Durchstreifen des Waldes
im Daliegen auf einer Blumenwiese
Staunen können
die Fülle des Lebens erfahren
wenn ich langsam durch den Garten gehe
den Himmel beobachte

PIERRE STUTZ

Vogelbeere

(Sorbus aucuparia L.)

regionale Volksnamen:
Eberesche, Vogelbeerbaum, Drosselbeere, Quitsche, Krametsbeere

»erquickend, stärkend, lecker«

Der in weiten Teilen Europas verbreitete Baum ist ein alter Begleiter des Menschen. Das schnellwachsende und anspruchslose Pioniergehölz kommt auch im Gebirge bis zu einer Höhe von 2.000 Metern vor. Der Name Eberesche taucht erst ab dem 16. Jahrhundert auf und bedeutet so viel wie falsche Esche, was auf eine gewisse Ähnlichkeit der Blätter zurückzuführen ist. Viel passender ist der Name Vogelbeere unter dem sie schon im antiken Griechenland bekannt war. Er weist auf die große Beliebtheit der Früchte bei Vögeln hin. Sie sind ein wichtiger Nahrungsbestandteil im Herbst für 63 verschiedene Vogelarten. Dies machte sich natürlich der Mensch zunutze und bastelte aus den Früchten der Vogelbeere Köder für die Leimruten zum Vogelfang. Das ist zum Glück inzwischen verboten und unsere gefiederten Freunde können sich ungefährdet an den herbstlichen Köstlichkeiten gütlich tun.

Wenn ich ein Stückchen Land besäße, ich würde mir ein kleines Wäldchen von Ebereschen pflanzen. Ein einziger der glühenden Bäume könnte schon das Glück eines Spätsommers ausmachen und verklären. Ja, die Eberesche leuchtet in den Dezember hinein, täglich etwas dunkler werdend und zweighängerischer. Bis die letzte Koralle an der Dolde wartet auf die Schwarzdrossel, die sie aufpickt. Im schwarzen Frack, elegant, vornehmer noch als die Krähe, setzt sie sich nieder zum roten Beerenmahle. Oft schwingt sie sich aus einer Schneewolke herab, versammelt drei, vier, fünf und noch mehr der schwarzen Wintergäste auf den gastlichen Baum. Auf den gerade haben sie es abgesehen! Aus den Gärten der Umgegend ragen ja noch einige Ebereschen korallengekrönt über die Dächer der Häuser, aber eben auf unserer Eberesche zu dinieren, sind die Gourmets erpicht.

ELSE LASKE-SCHÜLER (1869 – 1945)

Eine Freude ist es allerdings auch, ihre doldenartige Schirmrispe, auf der 200 bis 300 weiße Blüten vereinigt sind, im Frühjahr zu betrachten. Große Vogelbeerbäume kommen selten vor und sind in voller Blütenpracht ein spektakulärer Anblick.

Bei den Germanen wurde sie wegen ihrer Wuchsfreudigkeit Quiecke, was so viel wie lebendig bedeutet, genannt. Diese Eigenschaft versuchte man, sich zunutze zu machen, indem man zum Beispiel in Norddeutschland mit einem Quieckreis, also einem Vogelbeerzweig, Kälbern auf den Rücken schlug. Dies in der Hoffnung die Lebendigkeit auf das Kalb übertragen zu können.

Bei den Kelten umpflanzten die Druiden ihre Opfersteine und Heiligtümer mit Vogelbeeren um Fluch und Unheil fernzuhalten und riefen die Geister der Bäume zum Beistand in der Schlacht. In Skandinavien ist die Vogelbeere dem Gott Thor gewidmet, weil er sich mit ihrer Hilfe und Standfestigkeit aus einem reißenden Fluss retten konnte. Von dieser Sage leitet sich der norwegische Name Thorsbjörg ab.
Im angelsächsischen Raum trägt sie den Namen *the witch*. Aus ihren Ästen und Zweigen wurden Zauberstäbe für das Auffinden von Erzen geschnitten.
Im nördlichen Oberfranken, dem Vogtland und dem Erzgebirge gilt die Vogelbeere als Nationalbaum.

Där Vugelbeerbaam

Kenn schinnern Baam gibt's wie en Vugelbeerbaam, Vugelbeerbaam;
es ka an su lecht net en schinnern Baam gabn, schinnern Baam gabn, eija!

Eija, eija, wie'n Vugelbeerbaam, en Vugelbeerbaam, en Vugelbeerbaam,
eija, eija, en Vugelbeerbaam, en Vugelbeerbaam eija!

Ben Kanner senn Haus stieht a Vugelbeer-baam,
do sitzt unnern Kannern sei Weibsen dernabn.
Eija usw.

Na, loßt se när sitzen, se schläft ja derbei,
un hot se's verschlofen, do hul mer sche rei.
Eija usw.

Un wenn ich gestorbn bie – ich war'sch net derlabn –
do pflanzt of menn Grob fei en Vugelbeer-baam! Eija usw.

LIEDERBUCH DES ERZGEBIRGSVEREINS, 1932

Da die roten Früchte im Gegensatz zur landläufigen Meinung nicht giftig sind, lassen sich aus ihnen feine Spezialitäten zubereiten. Die Beeren können in kleinen Mengen durchaus roh gegessen werden. Größere Mengen können Übelkeit auslösen.
Tiefgekühlte und gekochte Früchte schmecken milder und sind absolut unbedenklich. Die unbekömmliche Parasorbinsäure wird weitgehend zerstört und wandelt sich in die konservierende Sorbinsäure.
Der mild schmeckenden Mährischen Vogelbeere bzw. Süßen Vogelbeere (Sorbus aucuparia subsp. Moravica (Zengerl.) À. Löve), einer im 19. Jahrhundert in Tschechien entdeckten Varietät, fehlen Gerb- und Bitterstoffe wie auch die Parasorbinsäure.

An sonstigen Inhaltsstoffen sind unter anderem etwa 60 mg bis 100 mg Vitamin C und weitere Vitamine, Mineralstoffe, Sorbit, Pektine und organische Säuren zu finden.
Im Frühling, meist ab Mai, können Blüten und Blätter geerntet werden. Sie eignen sich beide zum Aufbrühen von Tees. Mit den leicht mandelartig duftenden Blüten können Süßspeisen aromatisiert werden.
Aus den ab August reifenden Beeren lassen sich wunderbare Aufstriche, Saucen, Kompotte und vieles mehr zaubern.

Da der Vitamin-C-Gehalt der Vogelbeere höher als der einer Zitrone ist, wird sie volksmedizinisch bei Skorbut und Erkältungskrankheiten eingesetzt. Gekochte Beeren wirken mild harntreibend und abführend und ein Tee aus den Blättern hilft bei Magenbeschwerden und reinigt Blut und Harnwege. Sänger und Redner schwören auf sie, um ihre Stimmbänder durch die reizlindernde Wirkung geschmeidig zu halten.

Sehr fein, aber auch sehr selten und kostbar ist ein reiner Vogelbeer-Edelbrand. Um die feinen Aromen destillieren zu können, ist ein umfangreicher Ernte- und Verarbeitungsaufwand nötig.
Bedeutend einfacher ist es, einen tschechischen Vogelbeer-Likör herzustellen.

JARCEBINKA

Vogelbeer-Likör nach tschechischer Art

400 g frische Vogelbeeren
neutraler Trinkalkohol 38 Vol.-%
125 g Rohrzucker
125 g Wasser

Gewaschene und gereinigte Beeren zerstampfen, möglichst ohne die Kerne zu zerstören.

In einem weithalsigen Gefäß, mit einem Küchentuch zugedeckt, eine Woche bei Zimmertemperatur stehen lassen. Dann den Ansatz durch ein Passiertuch pressen.
Mit Alkohol auf dic doppelte Menge aufgießen.
Pressrückstand mit einem weiteren ½ l Alkohol nochmals ansetzen. Diesen 2 Wochen ziehen lassen, dabei gelegentlich aufschütteln. Anschließend auspressen und zum ersten Auszug geben. Zucker in Wasser ge-löst ebenfalls zugeben.
Gut verschlossen mindestens ein halbes Jahr reifen lassen.

VOGELBEER-KÜRBIS-CHUTNEY

1 klein gewürfelter, säuerlicher Apfel
300 g klein gewürfelter Hokkaidokürbis
1 fein gewürfelte Zwiebel
100 g Vogelbeeren (mindestens ½ Jahr tiefgekühlt)
6 EL Weißweinessig
150 g Honig
50 g Rosinen
1 walnussgroßes, sehr fein gewürfeltes Ingwerstück
1 TL gemörserter Koriander
1 Prise Chilipulver
1 TL Salz
circa 100 g Gelierzucker (2:1)

Alle Zutaten bis auf den Gelierzucker in einen Topf füllen und etwa 15 Minuten garen bis alles durch ist. Die Masse abwiegen, entsprechend Gelierzucker zugeben und nach Packungshinweis aufkochen.

Ein Hit zu Hartkäse, gegrilltem Fleisch, Fisch und Gemüse. Eignet sich aber auch zu Reis und Nudeln.

VOGELBEERBLÄTTER-TEE

1 EL Vogelbeerblätter
150 ml Wasser

Blätter mit heißem Wasser übergießen und 10 Minuten zugedeckt ziehen lassen, dann abseihen.

Bei Bedarf eine Tasse Tee trinken.

Wiesensalbei

(Salvia pratensis L.)

»heilend, gesundheitserhaltend, reinigend, klärend«

Wie war das gleich noch mal mit den Bienchen und Blümchen? Pflanzen haben über die Jahrmillionen raffinierte Bestäubungsmechanismen entwickelt und sind erstaunliche Beziehungen mit unterschiedlichsten Tieren eingegangen. Sehr schön zu beobachten ist das im Wonnemonat Mai beim dunkelblaulila blühende Wiesensalbei.
Geübte Pflanzenliebhaber vermuten auf den ersten Blick zurecht, dass der Salbei in die Familie der Lippenblütler gehört. Salbeiblüten sehen, mit etwas Fantasie betrachtet, aus wie ein Mund mit jeweils einer Ober- und Unterlippe.
Bei dieser Blütenform schieben nektarsuchende Insekten, beim Wiesensalbei vor allem Hummeln, ihren langen Rüssel zwischen die Lippen und lösen dabei den

sogenannten Schlagbaummechanismus aus. Pollenbeladene Staubblätter des Wiesensalbeis schlagen dabei auf den haarigen Rücken des Insekts und beim Besuch der nächsten Salbeiblüte streicht die Hummel dann den abgeklopften Blütenstaub an der dortigen Narbe ab. Die Befruchtung ist perfekt – eine klassische Win-win-Situation.
Mit ein bisschen Geschick ist es sogar ganz einfach, selbst Bienchen zu spielen. Dazu einen gepflückten Grashalm mit der Stielseite vorsichtig in eine Salbeiblüte einführen und schon senken sich die Staubblätter aus der Oberlippe herab.
Die für uns Menschen hervorstechendste Eigenschaft trägt das außergewöhnliche Kraut schon im Namen. Salbei kommt vom lateinischen salvare und bedeutet heilen. Symbolisch steht der Salbei für Heil und Gnade, Gesundheit, aber auch für den Tod. Darauf weist ein mittelalterlicher medizinischer Merkspruch hin:

Frage: *»Warum soll der Mensch sterben, wenn doch Salbei im Garten wächst?«*
Antwort: *»Weil gegen den Tod kein Kraut gewachsen ist!«*
Etwas optimistischer wurde anderorts gedichtet: *»Wer auf Salbei baut – den Tod kaum schaut!«*

Zu finden ist der Wiesensalbei auf kalkhaltigen und bevorzugt nährstoffarmen Böden in trockenen Lagen Mittel- und Südeuropas. Mittlerweile wächst er aber auch in Nordamerika, wahrscheinlich wurde er dort von europäischen Auswanderern im 19. Jahrhundert eingeschleppt.
Verglichen mit dem Echten Salbei (Salvia officinalis L.) besitzt der Wiesensalbei zwar ein ähnliches Wirkstoffspektrum, das aber in deutlich abgeschwächter Form. Enthalten sind neben ätherischem Öl, Flavonoide, östrogenartige Stoffe und Bitterstoffe.
Er wirkt antibakteriell, entzündungshemmend, adstringierend, hat eine östrogene Wirkung, wirkt ausgleichend, schweißhemmend und vermindert die Milchproduktion. So wird er, auch wenn seine Wirkung nicht ganz so potent ist, in der Volksmedizin gerne bei allerlei Beschwerden eingesetzt: bei Atemwegserkrankungen, Funktionsstörungen des Magen-Darm-Traktes, Menstruationsbeschwerden, übermäßigem Schwitzen während der Wechseljahre, beim Abstillen und bei Milchstau. Äußerlich ist der Wiesensalbei hilfreich bei Hauterkrankungen, Insektenstichen, Ekzemen, Fußschweiß und Entzündungen im Mund- und Rachenraum. Als Mittel der Wahl empfiehlt sich Tee oder Gurgelwasser.

»Wohl dem, der dieses gute Kraut,
in seinem Garten hat angebaut.
Denn Salbeiblätter-Tee und -Saft
ganz kerngesunde Zähne schafft.«

Durchaus Bedeutung hat er auch als Räucherpflanze. Er wird gerne von Räucherern als stark riechendes Bündel zur Reinigung des Hauses und Klärung des Geistes genutzt.

Mit seinem überraschend fruchtig-frischen Geschmack ist er appetitanregend und eine Bereicherung für viele Gerichte in der Küche. Die wunderschönen Blüten überzeugen als Garnitur oder können Speiseöl und Gemüse aromatisieren. Die jungen Blätter geben eine hervorragende Würze für eine Vielzahl von Speisen, wegen ihres feinen Aromas besonders bei Salaten und Fischgerichten. Sie schaden aber auch nicht in Saucen, Fleischgerichten, auf Pizzen, in Eintöpfen, in der Kräuterbutter oder im Kräuterquark. Sie können aber auch als Tee oder einfach zur Erfrischung des Atems genossen werden.

WIESENSALBEI-ESSIG

je 1 Handvoll Wiesensalbeiblätter und -blüten
500 ml Weißweinessig
4 El Honig

Gewaschene Salbeiblätter trocken tupfen und in feine Streifen schneiden. Blüten nicht waschen. Blüten und Blätter in eine Schraubflasche füllen, Honig zugeben und mit Essig aufgießen.

Drei Wochen bei Zimmertemperatur ziehen lassen, dabei gelegentlich aufschütteln.

Der feine Essigansatz kann zur Verfeinerung von Salatsaucen genutzt werden.

Tipp: Wird der Wiesensalbei-Essig mit Apfel- statt mit Weißweinessig und ohne Honig angesetzt, kann er gegen wechseljahrsbedingte Hitzewallungen eingesetzt werden. Dazu einfach den Salbei-Essig in eine Sprühflasche füllen und die Haut damit besprühen. Nicht abwaschen.

SALBEI-TEE

gegen lästiges Schwitzen in den Wechseljahren, Entzündungen im Mund- und Rachenraum

1 EL frische Wiesensalbei-Blätter
150 ml kochendes Wasser

Salbeiblätter mit kochendem Wasser übergießen, abgedeckt 5 Minuten ziehen lassen, dann abfiltern.

In der Volksheilkunde wird empfohlen bei Bedarf 3 x täglich eine Tasse zu trinken oder mit dem Tee zu gurgeln.

SALBEI-MILCH

beruhigt, wirkt schlaffördernd, stärkt

einige frische Wiesensalbeiblätter
etwas Honig
250 ml Milch

Kleingeschnittene Salbeiblätter mit warmer Milch übergießen und 10 Minuten ziehen lassen.

Es hat sich bewährt über 2 bis 3 Wochen täglich abends vor dem Zubettgehen ein Glas mit etwas Honig gesüßt zu trinken.

Mögen aus jedem Samen,
den du säst,
wunderschöne Blumen werden,
auf dass sich die Farben der Blüten
in deinen Augen spiegeln
und sie dir ein Lächeln
aufs Gesicht zaubern.

IRISCHER SEGENSWUNSCH

Bärlauch

(Allium ursinum L.)

regionale Volksnamen:
Wilder Knoblauch, Rams, Hundsknoblauch, Waldknoblauch, Hexenzwiebel

»belebend, stärkend, herzstärkend«

Der Frühling duftet nach Bärlauch: eine der ganz besonderen und gleichzeitig bekanntesten Frühlingspflanzen. An sonnigen Tagen schweben seine Duftwolken durch den Wald und kitzeln unsere Nasen.
Seit einigen Jahren ist er in unserer Küche wieder sehr beliebt und man kann den Bärlauch sogar als Wildgemüse auf dem Wochenmarkt kaufen. Er gehört zu den Liliengewächsen und ist mit der Zwiebel, dem Knoblauch und dem Schnittlauch verwandt.

Bärlauch kommt in fast ganz Europa vor, ist aber nicht gleichmäßig über den Kontinent verteilt: In Süddeutschland beispielsweise durchaus häufig, steht er im Norden auf der Roten Liste und ist teilweise vom Aussterben bedroht.
Vor der Ernte sich bitte daher immer genau erkundigen, wie es in der jeweiligen Gegend um den Bärlauch steht. Ist die Lage gut, dann im März und April in noch blattlosen Au- und Lohwäldern auf die Suche gehen. Hier wächst der Bärlauch oft reichlich und überzieht den nährstoffreichen Waldboden teppichartig.

Eine weitere Hürde gilt es vor der Bärlauchernte zu umschiffen: Wie erkenne ich unseren wilden Knoblauch absolut sicher? Wichtig ist diese Fragestellung, da er bei oberflächlicher Betrachtung ein paar giftigen Pflanzen durchaus ähnlich sieht. Maiglöckchen (Convallaria majalis L.), Herbst-Zeitlosen (Colchicum autumnale L.) oder Gefleckter Aronstab (Arum maculatum L.) sind als mögliche Doppelgänger ins Auge zu fassen.

So lässt sich Bärlauch sicher erkennen:

- Er kommt oft massenhaft vor.
- Seine Blätter wachsen einzeln aus dem Boden und duften, sobald sie verletzt wurden, nach Knoblauch. Dieses Merkmal relativiert sich allerdings, wenn man bereits ein paar gepflückt hat und die Hände ebenfalls knoblauchartig riechen.
- Den Knacktest machen: Die Mittelrippe seines Blattes bricht mit einem deutlich hörbaren Knackgeräusch.
- Der Blattstängel ist auffällig dreikantig.
- meist ab April trägt der Bärlauch einen kugeligen Blütenstand mit weißen Sternchenblüten.

War die Sammlung erfolgreich, den Ertrag zu Hause zur Sicherheit gründlich auf unerwünschten Beifang prüfen. Dann stehen viele Möglichkeiten offen, die gesunde Pflanze zu verarbeiten.

Gut, dass Bärlauch nicht nur delikat schmeckt, sondern auch etliche sehr interessante Vitalstoffe enthält. Sein charakteristischster ist sicherlich das typisch duftende Lauchöl. Bei Zellverletzung oxidiert der schwefelhaltige Stoff zum medizinisch wirksamen Allicin. Dieser wirkt sich antibakteriell, blutdrucksenkend und ausgleichend auf den Cholesterinspiegel aus. Flavonoiden werden antibakterielle und -virale Wirkungsweisen zugeschrieben und gelten als hilfreich zum Schutz vor Herz-Kreislauf-Beschwerden. Vitamin C, Mineralstoffe und Spurenelemente versorgen den Organismus und stärken ihn. In der Volksheilkunde ist der Bärlauch sehr beliebt. Grundsätzlich wird er wie Knoblauch verwendet.

Wohl kein Kraut der Erde ist so wirksam zur Reinigung von Magen, Gedärmen und Blut wie der Bärlauch!

PFARRER KÜNZLE (1857 – 1945)

In der Küche kann also wunderbar das Angenehme mit dem Nützlichen verbunden werden. Es gibt eine Vielzahl von Gerichten, die sich mit Bärlauch verfeinern lassen. Aber auch roh genossen ist er ein Vergnügen. Ein kräftiges Butterbrot mit frischen Bärlauchblättern ist ein Hochgenuss. Gleiches gilt für Knospen und Blüten. In Essig oder Öl eingelegt sind sie eine Delikatesse. Die Samen können als Pfefferersatz genutzt werden. Aus den Blättern lässt sich ein tolles Pesto herstellen. Ebenso bringen sie eine schöne Knoblauchnote in einen Wildkräuterquark, in eine Kräuterbutter, in Saucen oder Gemüsegerichte. Absolut empfehlenswert ist ein Bärlauchrisotto, das entweder allein genossen oder als Beilage zu einem deftigen Gericht fabelhaft schmeckt.

BÄRLAUCH-PESTO

(ergibt ca. 100 ml)

2 Handvoll frische Bärlauchblätter
20 g frisch geriebener Parmesan
30 g gemahlene Mandeln (mit oder ohne Schale, je nach Gusto)
100 ml Olivenöl
etwas Salz

Bärlauchblätter möglichst vormittags ernten. Gewaschene Blätter gut trocken tupfen und sehr fein hacken.
Dann mit Parmesan, Mandeln, Olivenöl und Knoblauch vermengen und mit Salz abschmecken.

BÄRIGES WÜRZÖL

2 Handvoll Bärlauchblüten
500 ml gutes Olivenöl

Die Blüten an einem sonnigen Spätvormittag pflücken. Kurz im Freien auf einem Tuch auslegen, damit Insekten die Chance zur Flucht haben. Wichtig beim Ansetzen des Öls ist, dass die Blüten möglichst trocken sind, bei feuchten beginnt das Öl leicht zu schimmeln oder zu gären.
Blüten in ein weithalsiges Schraubgefäß geben, mit dem Olivenöl auffüllen und gut verschließen. Etwa 3 Wochen bei Zimmertemperatur ziehen lassen, dann abseihen.

Schmeckt fein und zart nach Knoblauch. Das Würzöl passt gut zu Salaten oder kann auch ganz einfach mit Weißbrot verspeist werden.

BÄRLAUCH-RISOTTO

(für 4 Personen)

2 Handvoll frische Bärlauchblätter
3 fein gewürfelte Schalotten
6 El Olivenöl
250 g Risottoreis
125 ml Weißwein, alternativ Weißweinessig
800 ml Gemüsebrühe
3 El geriebener Parmesan – alternativ
4 El Tahini-Paste (vegane Variante)
Salz
Pfeffer

Bärlauch waschen, putzen und fein schneiden. Schalotten in der Hälfte des Olivenöls mit dem gewaschenen Reis glasig anschwitzen. Mit Weißwein oder Essig ablöschen und reduzieren lassen.
Den Gemüsefond nach und nach unter ständigem Rühren zugeben.
Bärlauch, das restliche Olivenöl und den Parmesan oder die vegane Alternative untermengen. Mit Salz und Pfeffer abschmecken.

Die Sonne von Süden schien
auf die Felsen
und dem Grund entgrünte
grüner Lauch.
EDDA VON KARL SIMROCK (1802 – 1876)

Apfel

(Malus MILL.)

»fröhlich, liebend, nährend, herrschend«

Kaum eine Pflanze ist so symbolgeladen wie der Apfelbaum. Seine köstlichen Früchte stehen für das Leben, Liebe, Verführung, Fruchtbarkeit, ewige Jugend, das Weibliche, die weibliche Schönheit, Paradies, Gesundheit, Wohlstand, Vollkommenheit, Herrschaft und Macht. Göttinnen und weltliche Herrscher führten den Apfel als ihr charakteristisches Attribut: Aphrodite, Venus, Hera, Demeter, Freyja, Idun und Eva.

Der Apfel ist aber auch als Nutzpflanze ein uralter Begleiter des Menschen. Schon die Herkunft seines Namens reicht weit in die Vergangenheit zurück. Sie wird auf das Indogermanische zurückgeführt und dadurch ähneln sich die Namen in vielen Sprachen auch heute noch. Das deutsche Wort *Apfel*, geht wie das englische *apple*, das niederländische *appel* oder das althochdeutsche *apful* – Mehrzahl *epfili* – auf das urgermanische Wort *aplaz* zurück.

Es haben sich also schon sehr viele Generationen an der jährlich wiederkehrenden Blütenpracht dieser Bäume erfreut. Und was gibt es Schöneres als an ersten wirklich warmen Frühlingstagen unterm blühenden Apfelbaum zu sitzen?
Die leuchtend weiß, rosa-rot gefärbten Blüten mit ihren weißen Staubfäden und den auffällig gelben Staubbeuteln üben an einem sonnigen Apriltag nicht nur auf uns eine magische Anziehung aus, auch Bienen fliegen auf sie. So ist an solch gesegneten Tagen der ganze Garten erfüllt mit dem fröhlichen Summen und Brummen der fleißigen Sammlerinnen.

Allerdings kommt es bei uns just zur Apfelblüte – sie ist ein Zeichen für den Vorfrühling – immer wieder zu einem letztmaligen Kälteeinbruch. Die Blüten können geschädigt werden und mit der Apfelernte schaut es dann manchmal regional nicht so rosig aus.

Wenn d' Apfelbäum' blüh'n,
soll der Ofen glüh'n.

BAUERNREGEL

Der Apfel gehört zwar zu den Rosengewächsen, scheint aber in der Vergangenheit nicht im gleichen Umfang die Dichter inspiriert zu haben. So lässt Johann Wolfgang von Goethe (1749 – 1832) in Faust II postulieren: *»Über Rosen lässt sich dichten, in Äpfel muss man beißen!«*

Für die Bevölkerung spielte das aber keine Rolle. Der Apfel wird seit Jahrtausenden kultiviert und die heute circa 20.000 existenten Sorten sind alle auf eine Kreuzung verschiedener Wildformen wie den Holzapfel (Malus sylvestris (L.) MILL.) oder den Paradiesapfel (Malus pumila (L.) MILL. var. paradisiaca (L.) C. K. SCHNEID.) zurückzuführen. Beide Elternteile unserer heutigen Apfelbäume waren in Europa und Westasien heimisch.

Schon Plinius der Ältere (24 – 79 n. Chr.) beschrieb in seinem naturkundlichen Werk *Naturalis historia* über 30 Sorten mit exakten gärtnerischen Vermehrungsangaben. Auch für Karl den Großen (ca. 747 – 814) waren Äpfel nicht nur wegen der Symbolik als Reichsapfel sehr wichtig. In seiner Hofgüterverordnung über den Anbau verschiedenster Pflanzen schrieb er den Anbau eines süßen und eines säuerlichen Apfels vor.

Aber die Geschichte des Apfels reicht viel weiter zurück. Man denke nur an die Geschichte von Adam und Eva. Von dem griechischen Gelehrten Herodot (484 – 430 v. Chr.) ist überliefert, dass im persischen Reich die Frucht durch ihre nahezu vollkommen runde Form schon lange als Herrschaftssymbol diente. So hätten am Hof des Xerxes die 1.000 Mann der engsten Leibwache goldene Äpfel auf ihren Speeren getragen.
Die heiligen Haine der Liebesgöttin Aphrodite in Griechenland sollen mit Apfelbäumen bepflanzt gewesen sein.

Sappho von Lesbos (630 – 590 v. Chr.), die große antike griechische Dichterin der erotischen Liebe, umschrieb ihn mit bewegenden Worten:

Hierher von Kreta, komm zu diesem Tempel, dem heiligen!
Wo dir ein reizender schöner Hain steht von Apfelbäumen und Altäre,
die beräuchert sind mit Weihrauch.
Darin Wasser, kühl, das leise rauscht durch Zweige von Apfelbäumen.
Von Rosen ist der ganze Platz rings beschattet,
und herab von den leicht bewegten Blättern senkt schwerer Schlaf sich.

Die Wichtigkeit und Bedeutung des Apfels durch die Zeit ist deutlich zu erkennen. Kann man das alles auf den Inhalt des englischen Sprichworts *»An apple a day, keeps the doctor away«* zurückführen? Vielleicht ist da viel Wahres dran. So haben Studien gezeigt, dass in der Normandie, wo Apfelwein sehr häufig getrunken wird, Steinleiden praktisch unbekannt sind. In der Volksmedizin wird der Apfel oft bei Magen-Darm-Beschwerden und Durchfall eingesetzt. Ansonsten kann er auch bei Arthritis und in Zusammenwirken mit einem Eisennagel bei Anämie helfen. Die Fruchtsäure löst hierbei das Eisen und so ist es vom Körper besser aufzunehmen.

Im Frühjahr, etwa im März und April, erfreuen uns die Blüten. Sie können für Süßspeisen oder für eine Blütenbowle und natürlich als Garnitur verschiedenster Gerichte verwendet werden. Junge, zarte Blätter des Apfelbaumes eignen sie als Salatbeigabe. Und im Herbst stehen die Früchte mit einer schier unendlichen Palette von Genussmöglichkeiten zur Verfügung.
Allerdings ist bei den Apfelkernen ein wenig Vorsicht geboten. Sie enthalten die leicht bitter schmeckende Blausäureverbindung Amygdalin. Die Kerne daher möglichst nicht zermahlen oder zerkauen. Allerdings besitzen Menschen wirksame Entgiftungsmechanismen und so sind Spuren von Blausäure als unbedenklich anzusehen.

»Malum ex malo.« – Alles Böse kam vom Apfel. Wahrscheinlich hatten christliche Kirchenväter bei diesem Ausspruch eher den Sündenfall und die Vertreibung aus dem Paradies im Sinn, weniger die Wirkung von Äpfeln auf unsere Schleimhäute und deren allergisches Potential. Leider gehören Äpfel zu den häufigsten Ursachen einer Nahrungsunverträglichkeit und schließlich wäre Schneewittchen beinahe an einem Apfel erstickt.

Eine gute Nachricht gibt es jedoch für alle allergiegeplagten Menschen: alte Apfelsorten sind oftmals bekömmlicher – ein weiterer guter Grund sich für den Erhalt des ökologisch so wichtigen Lebensraums Streuobstwiese einzusetzen.

Wenn ich wüsste, dass morgen die Welt untergeht, würde ich noch heute einen Apfelbaum pflanzen!

MARTIN LUTHER (1483 – 1546) ZUGESCHRIEBEN

BLÜTEN-SPRIZZ

(für 1 Portion – ca. 150 ml)

für laue Frühlingsnachmittage unterm Apfelbaum

7 frisch aufgeblühte Apfelblüten
1 cl Apfel- oder Holunderblütensirup
2 cl Aperol
12 cl Prosecco
1 cl Sprudelwasser
Eiswürfel

Blüten in ein Glas geben und mit Sirup benetzt kurz ziehen lassen.
Anschließend mit Aperol, Prosecco und Sprudelwasser aufgießen.
Eiswürfel nach Belieben zugeben.

Alkoholfreie Variante: Aperol und Prosecco durch Apfelsaft ersetzten, gegebenenfalls die Sprudelwassermenge erhöhen.

APFEL-ZIMT-RÖSCHEN

2 EL Rohrzucker
2 TL Vanillezucker
3 TL Zimtpulver
1 Packung Blätterteig
3 säuerliche Äpfel (z. B. Boskop)
Saft 1 Zitrone
50 g in Rosinen (nach Belieben ca. 1 Stunde in Rum eingelegt)
50 g gehobelte Mandeln
etwas Puderzucker zum Bestäuben

Zucker, Vanillezucker und Zimt in einer Schüssel verrühren.

Ausgerollten Blätterteig in sechs gleich breite Streifen schneiden.
Gewaschene Äpfel in Viertel schneiden, Kerngehäuse entfernen und in dünne Streifen schneiden. Mit Zitronensaft beträufeln, damit die Apfelscheiben nicht braun werden.
Blätterteigstreifen jeweils mit Apfelscheiben fächerartig belegen.
Nun mit Zimt-Vanille-Zucker, gehobelten Mandeln und Rumrosinen bestreuen.
Die belegten Blätterteigstreifen vorsichtig aufrollen. Anschließend die Apfel-Zimt-Röschen mit Gefühl auf ein mit Backpapier belegtes Backblech setzen.
Im vorgeheizten Backofen bei 200 °C Ober-/Unterhitze etwa 25 Minuten goldbraun backen.
Nach dem Abkühlen mit Puderzucker bestäuben.

GERIEBENER APFEL

gegen leichten Durchfall

Einen Apfel mit Schale reiben und essen.

Das im Apfel enthaltene Pektin wird durch das Reiben freigesetzt, überschüssiges Wasser und krankheitserregende Keime im Darm gebunden. Der Darminhalt dickt sich ein und die Verdauung beruhigt sich wieder.

Nach jedem beschleunigten Stuhlgang einen geriebenen Apfel essen.

Sollte allerdings nach spätestens 2 Tagen keine Besserung eintreten oder durchfallsbedingte Austrocknung zu erkennen sein, bitte den Arzt konsultieren.

Wiesenklee

(Trifolium pratense L.)

regionale Volksnamen:
Rot-Klee, Zuckerbrot, Honigblume, Herrgottsbrot

»glücksbringend, Liebe bringend, ausgleichend, nährend«

Die außergewöhnliche Gestalt eines Kleeblattes hat durch alle Zeiten die Fantasie der Menschen bewegt und wurde zu dem am häufigsten gebrauchten Glückssymbol überhaupt. Besonders natürlich, wenn man bedenkt, welches Glück es für den Finder bedeuten muss, auf einer großen Wiese ausgerechnet eine vierblättrige Ausgabe des Kleeblattes zu entdecken. Selbstverständlich bringt es nur Glück und Segen, wenn es zufällig entdeckt wird. Aktiv sein Glück zu suchen bringt hier gar nichts! Wird das Blättchen jetzt allerdings noch zu einer besonders magischen Zeit, wie Sonnenaufgang oder zu

Johanni gefunden, sind der Wundertätigkeit angeblich keine Grenzen mehr gesetzt. Speziell in Liebesdingen soll der vierblättrige Glücksklee helfen. Heimlich in den Schuh oder Jackentasche des Menschen geschmuggelt, dessen Liebe man gewinnen will und schon nimmt das Glück seinen Lauf. Sollte aber noch gar nicht so genau feststehen, wer denn der oder die Glückliche sein soll, einfach den Glücksbringer unters eigene Kopfkissen legen und des nächtens von ihm träumen.

Die Redewendung *»Jemanden über den grünen Klee loben«* hat eine gänzlich andere Bedeutung als man zunächst annimmt. Sie geht auf eine Zeit zurück, als man die Gräber mit Klee bepflanzte und über Tote nichts Schlechtes geredet werden durfte.

Das besondere Aussehen des Kleeblattes wurde immer wieder genutzt, um den Menschen Zusammenhänge zwischen Himmel und Erde zu verdeutlichen.
So erklärte Sankt Patrick, der Apostel der Iren bei seiner christlichen Missionierung im 5. Jahrhundert der irischen Bevölkerung die Heilige Dreifaltigkeit mit Hilfe eines Kleeblattes.

»So wie die Blätter an einer Stelle entspringen und zusammen doch nur ein Blatt sind, so gehen von Gott drei Teile aus, untereinander gleichberechtigt, aber dennoch ein Ganzes bildend.«

In Irland fasste das Christentum erstmals außerhalb des Römischen Reiches Fuß, der Klee entwickelte sich zu einem Wahrzeichen Irlands und auf der gesamten Welt wird mittlerweile der St. Patrickstag am 17. März mit Umzügen von grün gekleideten Iren mit Kleesträußchen begangen.

Der Wiesenklee hat neben seinen glücksbringenden Eigenschaften große Bedeutung für die Landwirtschaft. Seit dem 11. Jahrhundert wird er als hochwertiges Viehfutter genutzt. Zudem haben die Bauern bald bemerkt, dass der Klee für eine Bodenverbesserung sorgt. Bei Einführung der Dreifelderwirtschaft wurde oft Klee als Zwischenfrucht angebaut. Das in der Folge angesäte Getreide gedieh dadurch wesentlich besser. Grund hierfür ist eine Besonderheit der Schmetterlingsblütler. Sie leben in Symbiose mit luftstickstoffbindenden Bodenbakterien. Durch eine komplexe und ausgesprochen raffinierte Weise stehen ihnen dadurch mehr Nährstoffe zur Verfügung. Auch andere nachfolgende Bodenkulturen wie Getreide können noch von dieser gelungenen Verbindung zwischen Pflanze und Bakterium profitieren.

Nicht unbedeutend ist der Klee zudem als Hummelweide. Diese fleißigen Insekten bestäuben nicht nur die Kleeblüten, sondern sie kümmern sich auch in unermüdlichem Einsatz um unsere Obstbäume; selbst an kühlen und regnerischen Tagen, wenn die Bienen wetterbedingt im Stock bleiben.

In der Volksheilkunde ist der Rotklee schon seit langer Zeit bekannt. Hildegard von Bingen empfahl ihn bei Husten und zur Blutreinigung. Auch bei chronischen Hautentzündungen und zur Erfrischung müder Augen wurde er verwendet. Jedoch erst seit Kur-

zem steht der Wiesenklee im Fokus der modernen Heilkunde, vor allem bei sogenannten Frauenleiden.
Grund hierfür sind Isoflavonoide, pflanzliche Hormone, die dem weiblichen Östrogen strukturell sehr ähnlich sind und daher an menschliche Östrogenrezeptoren binden können.
Die Wirkungsweisen werden momentan kontrovers diskutiert. Einerseits sollen Isoflavonoide Wechseljahrsbeschwerden lindern, Osteoporose- und Brustkrebsrisiko senken. Andererseits stehen sie in Verdacht hormonabhängige Krebsarten, Unfruchtbarkeit und Entwicklungsstörungen zu fördern. Daher wird aktuell abgeraten isolierten Isoflavone einzunehmen.

Allerdings steht einem kleinen Snack von der Wiese dadurch nichts im Wege. Junge Blätter des Wiesenklees bereichern in kleinen Mengen Salate und gekochtes Gemüse. Bei den Blüten stellt sich die Frage, ob man sie in Salaten oder im Kräuterquark essen oder doch lieber angesetzt als Spirituose genießen möchte. Egal wie, ausgezupfte rote Blüten liebevoll über das Essen gestreut, sind immer ein hübscher Hingucker.

Bei vielen älteren Menschen ist der Wiesenklee auch als Zuckerbrot, Honigblume oder Herrgottsbrot bekannt. Warum das so ist? Einfach eines der roten Blütenköpfchen naschen, dann wird alles klar.
Und waren sie nicht ganz so süß, waren die Hummeln schneller.

KLEEBLÜTEN-LIMONADE

(ergibt ca. 1 l)

½ l Messbecher Kleeblüten
½ l Apfelsaft
Saft einer ½ Zitrone
½ l gut gekühltes Mineralwasser
Eiswürfel
ein paar extra Kleeblüten und Bio-Zitronenscheiben zur Garnitur

Die Kleeblüten an einem sonnigen Morgen pflücken.
Anschließend die Blüten in ein Gefäß geben, mit Apfel- und Zitronensaft übergießen, kräftig andrücken und die Mischung bis zum nächsten Tag ziehen lassen.
Dann durch ein engmaschiges Sieb abseihen, mit Mineralwasser und Eiswürfel nach Belieben auffüllen.
Vor dem Servieren die frischen Extrablüten und Zitronenscheiben zugeben.

ROTKLEE-PESTO

(ergibt ca. 150 ml)

2 Handvoll Rotkleeblüten
25 g frisch geriebener Parmesan
25 g gemahlene Mandeln
100 ml gutes Olivenöl
1 gepresste Knoblauchzehe
etwas Salz

Rotkleeblüten an einem sonnigen Morgen ernten.
Kleeblüten fein hacken. Diese mit Parmesan, Mandeln, Olivenöl und Knoblauch vermengen, mit etwas Salz abschmecken.

Die Natur eilt nicht,
und dennoch
wird alles erreicht.
LAOZI (6. JHD. V. CHR.)

Wegerich

(Plantago L.)

regionale Volksnamen:
Wegetritt, Wegbeherrscher, Aderkraut, Lungenblattl

»vitalisierend, heilend, mobilisierend, befreiend«

Der Wegerich, die alte und mächtige Zauberpflanze, steht als Symbol für die Ausbreitung des Christentums. Diese Symbolik erklärt sich aus seinem indianischen Namen *Fußtritt der Bleichgesichter*. Als Neubürger in Nordamerika eroberte er das Land entlang der staubigen Straßen, die von den Planwägen der weißen Siedler genutzt wurden. Ist sein Samen feucht und klebrig, bleibt er gut an Schuhen, Kleidung oder Tieren haften und verteilt sich dadurch leicht entlang der Wege. Im übertragenen Sinne verbreiteten sich auch vor gut 2.000 Jahren die neuen christlichen Gedanken entlang der Straßen und Wege in alle Welt. Da der Wegerich selbst mit relativ dürftigen Bodenverhältnissen zurechtkommt, ist er auch bei uns auf und an Feldwegen zu finden. Dort kann er direkt dem leidgeplagten Wanderer aus verschiedenen Nöten helfen.

Durch seine Inhaltsstoffe wie Aucubin, bindegewebsstärkende Kieselsäure, schleimhautschützende Schleim-, entzündungshemmende Gerb- und verdauungsanregende Bitterstoffe wirkt der Wegerich unter anderem bakterizid, erfrischend, reinigend und zusammenziehend.
Bedeutend sind in diesem Zusammenhang die sogenannten Iridoidglykoside, zu denen auch das Aucubin gehört. Frisch angewendet entfaltet der bitter schmeckende Stoff antimikrobielle Wirkung und hat als natürliches Antibiotikum entscheidende Bedeutung.

Das alles kann man sich bei lästigen Insektenstichen zunutze machen. Dazu ein Blatt zerreiben oder kauen und auf den frischen Stich legen.
Gleiches gilt, wenn man sich eine Blase gelaufen hat. Hier die Stelle mit sauberen Wegerichblättern belegen und die Socken wieder darüber ziehen. Schon hat man ein natürliches Blasenpflaster. Kräuterkundige Wandersleute empfehlen dies schon prophylaktisch vor dem Aufbruch zu erledigen. Dadurch lassen sich viele Blasen vermeiden. Für diese Anwendung am besten die Blätter des Breitwegerichs (Plantago major L.) pflücken.
Auch bei anderen kleinen Verwundungen oder Verbrennungen lässt sich der Wegerich als Ersthelfer entsprechend verwenden.

Seine besondere Kraft, die schon in alten assyrischen Schriften Erwähnung fand, wurde auch in der Antike genutzt und sogar bei Shakespeares Romeo und Julia beschrieben. Hildegard von Bingen empfahl ihn gegen Gicht. Eine weitere und sehr spezielle Anwendungsmöglichkeit hat uns die mittelalterliche Kräutergelehrte zusätzlich überliefert. Sie riet Menschen, die unwissentlich Essen mit einer Extraportion Liebeszauber verspeist hatten, Wegerichsaft zu trinken. Alsdann löste sich die angezauberte Liebe und gab den bezauberten Menschen wieder frei. Die Frage nach den hierfür verantwortlichen Stoffen konnte die moderne Wissenschaft allerdings noch nicht abschließend beantworten.

Und du, Wegerich, Mutter der Kräuter,
nach Osten geöffnet, innen mächtig;
Karren fuhren über dich hinweg,
Königinnen ritten über dich,
über dir weinten Bräute, schnaubten Ochsen.
Ihnen allen widerstehst und widerstandest du;
so widerstehst du auch Gift und Ansteckung
und dem Verhassten (Feind), der über das
Land fährt.

NEUN-KRÄUTER-ZAUBER, 9./10. JAHRHUNDERT

Dieser Zauber wird auch heute noch jedes Jahr im Frühling bei der Zubereitung der 9-Kräuter-Suppe genutzt. Sie stärkt nicht nur nach einem langen Winter unseren Organismus durch die Vielzahl der gesunden Vitalstoffen der frischen Kräuter, sondern kann auch helfen, grippale Infekte zu bekämpfen. Diese Kräfte sind allen Wegerichen inne, allerdings empfiehlt sich nach der Signaturenlehre der Breitwegerich (Plantago major L.) für die Frau und der Spitzwegerich (Plantago lanceolata L.) für den Mann.

WILDER FRÜHLINGS-KRÄUTER-SALAT

(für 4 Personen)

4 Handvoll junge, zarte Blätter vom Giersch, Wiesenlabkraut, Spitzwegerich
½ Handvoll verschiedener wilder Würzkräuter, z. B. Knoblauchsrauke, Gundermann, Schafgarbe
ein paar hübsche Blüten, z. B. Taubnessel, Gänseblümchen, Löwenzahn

2 EL weißer Balsamico-Essig
1 EL Zitronensaft
1 EL Honig
½ TL Salz
Pfeffer
3 EL Olivenöl

Kräuter waschen, putzen und gut abtropfen lassen, dann in größere Stückchen zupfen. Essig, Zitronensaft, Honig, Salz und Pfeffer gut verrühren.

Anschließend das Olivenöl zugeben und mixen, bis ein sämiges Dressing entstanden ist.

Salat anrichten, kurz vor dem Servieren mit der Salatsauce beträufeln und den vorbereiteten Blüten ausgarnieren.

SPITZWEGERICH-TINKTUR

Hilfreich bei frischen Insektenstichen. Dazu die juckende Einstichstelle mit ein paar Tropfen der Tinktur benetzen.

frische Spitzwegerichblätter
Doppelkorn

Gereinigte und zerkleinerte Spitzwegerichblätter in ein sauberes, weithalsiges Schraubglas füllen. Ist dieses etwa ein Drittel gefüllt, das Glas mit Doppelkorn aufgießen.
Anschließend den Ansatz 6 Wochen bei Zimmertemperatur ziehen lassen.
Es empfiehlt sich die Tinktur dabei täglich aufzuschütteln.

Dann durch ein engmaschiges Sieb abgießen und die Zubereitung in einer Lichtschutzflasche kühl lagern.

Für unterwegs: Die Spitzwegerich-Tinktur in eine kleine Roll-on-Flasche (z. B. für Lippenpflege) füllen. So findet der praktische Helfer in jeder Tasche ein Plätzchen.

Der Wegerich

Ich armes Kraut am Weg,
ich steh hier ungebeten,
muss auf mich lassen treten,
wer Lust hat, flink und träg.

Und bin doch froh fürwahr,
wenn nicht des Gärtners Harke
mich mit des Lebens Marke
reißt aus dem Boden gar.

Wenn dir dein Stand missfällt,
wen hast du zu verklagen?
Warum hast, hör ich sagen,
du dich hierher gestellt?

Ich möchte lieber stehen
im Garten bei der Rose,
um die mit Liebgekose
die Lüfte schmeichelnd wehn.

Doch wird gepflückt zuletzt
die Ros' von ihren Beeten,
und werd ich dann zertreten,
so sind wir gleich geschätzt.

FRIEDRICH RÜCKERT (1788 – 1866)

Das Leben *aller Lebewesen, seien sie nun Menschen, Tiere oder andere, ist kostbar, und alle haben dasselbe Recht, glücklich zu sein. Alles, was unseren Planeten bevölkert, die Vögel und die wilden Tiere sind unsere Gefährten. Sie sind Teil unserer Welt, wir teilen sie mit ihnen.*

DALAI LAMA

Linde

(Tilia L.)

»lind, mild, sanft, weich, geschmeidig, behütend, weiblich, heimatlich, gerecht, fröhlich, frühlingshaft«

Die Linde begleitet uns sanft durch die Zeiten. Kein anderer Baum ist mit einer solch positiven Symbolik besetzt wie die mächtige und sehr alt werdende Linde. Sie steht für eheliche Liebe, Zärtlichkeit, Güte, Gerechtigkeit, Gastfreundschaft, Kraft und Tapferkeit.

Unter Linden
An der heide
Da unser zweier bette was,
da mugt ihr finden
schone beide
gebrochen bluomen unde gras
von dem walde in einem tal,

tandaradei,
schone sang diu nahtegal.

WALTER VON DER VOGELWEIDE (1170 – 1230)

Schon bei Germanen und Slawen galt die Linde als weiblicher, heiliger Baum und war der Göttin Freya zugeordnet. *Lind* bedeutet weich und lässt einen an die ersten milden Frühlingswinde denken.

Frühlingsglaube

Die linden Lüfte sind erwacht,
Sie säuseln und wehen Tag und Nacht,
Sie schaffen an allen Enden.
O frischer Duft, o neuer Klang!
Nun, armes Herze, sei nicht bang!
Nun muss sich alles, alles wenden.

Die Welt wird schöner mit jedem Tag,
Man weiß nicht, was noch werden mag,
Das Blühen will nicht enden.
Es blüht das fernste, tiefste Tal:
Nun, armes Herz, vergiss der Qual!
Nun muss sich alles, alles wenden!

LUDWIG UHLAND (1787 – 1862)

Ein himmlischer Platz um einen frühlingshaften Tag zu genießen, ist die Tassilolinde im Wessobrunn. Stattlich ist sie, 25 Meter hoch und mit einer ausladenden Krone behütet sie den besonderen Ort schon mehr als 1.000 Jahre. Der Baiernherzog Tassilo III. soll unter ihr von der Klostergründung Wessobrunn geträumt haben.

Linden sind nicht nur ein natürliches Gesamtkunstwerk, sondern auch für viele Bewohner ein eigener paradiesischer Lebensraum. Anfang Juni ist sie während der Blütezeit Nahrungsquelle für Abertausende von Bienen, Hummeln und anderen Insekten. Viele Vögel sind da, für die die Insekten viel Freude und einen vollen Magen bedeuten.

Mir träumte wieder der alte Traum:
Es war eine Nacht im Maie,
Wir saßen unter dem Lindenbaum,
Und schwuren uns ewige Treue.

Das war ein Schwören und Schwören aufs neu,
Ein Kichern, ein Kosen, ein Küssen;
Dass ich gedenk des Schwures sei,
Hast du in die Hand mich gebissen.

O Liebchen mit den Äuglein klar!
O Liebchen schön und bissig!
Das Schwören in der Ordnung war,
Das Beißen war überflüssig.

HEINRICH HEINE (1797 – 1856)

Geschenkte Tage – sich mit unbegrenzter Zeit unter einem Lindenbaum lauen Winden hinzugeben, die wandernden Schatten des Tageslaufs zu beobachten, brummenden Insekten und fröhlich zwitschernden Vögeln zu lauschen. Wie aus der Zeit gefallen, geht das Herz auf.

Am Brunnen vor dem Tore
Da steht ein Lindenbaum:
Ich träumt' in seinem Schatten
So manchen süßen Traum.

Ich schnitt in seine Rinde
So manches liebe Wort;
Es zog in Freud und Leide
Zu ihm mich immer fort.

Ich musst auch heute wandern
Vorbei in tiefer Nacht,
Da hab ich noch im Dunkeln
Die Augen zugemacht.
Und seine Zweige rauschten,
Als riefen sie mir zu:
»Komm her zu mir, Geselle
Hier findst du deine Ruh'!«

WILHELM MÜLLER (1794 – 1827)

Neben Eichen und Eiben gehören Linden zu den Baumveteranen. Es wird vermutet, dass sie bis zu 2.000 Jahre alt werden können.
So ganz genau kann das aber niemand sagen, da Linden in höherem Alter meist hohl werden und es unmöglich wird die Jahresringe zu zählen.
Aber eigentlich sind ein paar Jahre hin oder her belanglos. Die Lebensdauer uralter Linden ist im Vergleich zu kurzen Menschenleben ewig. Sie waren schon immer da und werden auch stets bleiben. *»Eine Linde kommt 300 Jahre, steht 300 Jahre, geht 300 Jahre!«*

So entwickelte sich eine enge Bindung zwischen uns Menschen und dem Baum. Früher wuchs praktisch in jedem Dorfzentrum eine Linde. Hier trafen sich die Leute und tauschten Neuigkeiten aus. Ganz nach Bedarf konnten Linden auch zu riesigen Tanzlinden wie in Effeltrich oder zu Gerichtslinden, unter welchen man Recht sprach, gewandelt werden.
Auch der Drachentöter Siegfried aus dem Nibelungenlied hat eine ganz spezielle Beziehung zu ihr. Ein kleines, unscheinbares Lindenblatt verhinderte seine vollständige Unverletzlichkeit und führte schließlich zu seinem Tod. Nach Kriegen oder Pestepidemien pflanzten die Menschen sogenannte Friedenslinden.
In Deutschland werden über 800 Ortsnamen oder Namen von Ortsteilen auf Linden zurückgeführt.

Linden haben neben ihrer sozialen Bedeutung auch medizinisch und kulinarisch einiges zu bieten. Überreiche Lindenblütentracht freut den Imker, denn seine Bienen produzieren dann einen reinen Lindenblütenhonig.
Die jungen Blätter eignen sich für Salat, Spinat oder Tee.

Auch Lindenblüten können gegessen werden, aber meist finden sie sich im bekannten Lindenblütentee wieder. Dieser wird in der Volksmedizin bei grippalen Infekten, Erkältungskrankheiten, Schlafstörungen, Reizhusten und Bluthochdruck getrunken. Er wirkt schweißtreibend, auswurffördernd, reizlindernd, beruhigend, blutdrucksenkend, schlaffördernd und harntreibend.

Die Kräutertees sind eine Treibjagd nach innen; sie wirken auflösend, reinigend, unterstützend. Durch das Teetrinken wird im Magen ein Feuer angezündet, durch welches die ganze Natur erwärmt wird.

PFARRER KNEIPP (1821 – 1897)

Für den typischen Lindenblütenduft ist das neben Flavonoiden, Schleim- und Gerbstoffen in den Blüten enthaltene ätherische Öl Farnesol verantwortlich.

LINDENBLÜTEN-TEE

schweißtreibend, abwehrsteigernd – hilfreich bei Erkältungskrankheiten

1 EL Lindenblüten
150 ml kochendes Wasser
(Lindenblüten-)Honig

Blüten mit heißem Wasser übergießen und abgedeckt 5 Minuten ziehen lassen, dann abseihen.

In der Volksheilkunde wird empfohlen gleich bei ersten Erkältungsanzeichen mit Honig gesüßten Tee zu trinken. 5 x täglich eine Tasse ist eine erprobte Menge. Anschließend am besten ins Bett legen, denn die Schwitzkur belastet den Kreislauf und deshalb ist Ruhe wichtig.

LINDENBLÜTEN IN HONIG

schweißtreibend, abwehrsteigernd

500 g flüssiger (Lindenblüten-)Honig
1 Handvoll frische Lindenblüten

Lindenblüten in Honig einrühren. Mindestens eine Woche ziehen lassen. Anschließend die Blüten abfiltern.

Tipp: Schmeckt auch als Brotaufstrich gut.

LINDENBLÜTEN-LIMONADE

1 bis 2 Handvoll frische Lindenblüten
500 ml Apfelsaft
Saft von 2 Limetten
Honig
gekühltes Mineralwasser
Eiswürfel nach Belieben
ein paar Scheiben einer Bio-Limette

Blüten mit Apfelsaft übergießen. 3 bis 4 Stunden ziehen lassen und anschließend durch ein Sieb abseihen. Mit Mineralwasser aufgießen, mit Limettensaft und Honig abschmecken. Eiswürfel und Limettenscheiben zugeben.

Brennnessel

(Urtica L.)

regionale Volksnamen:
Hanfnessel, Donnernessel, Haarnessel

»Stärkend, reinigend, wärmend und schützend«

Wer kennt sie nicht, die uns Menschen seit der Sesshaftwerdung begleitende Universalwildpflanze, die Brennnessel?
Bei unbedachter Berührung spürt man sofort ihre wehrhaften Brennhaare, zuckt zurück und betrachtet sie mit Respekt. Und den hat sie sich redlich verdient. Es gibt wohl keine andere Pflanze, die es mit uns Menschen so gut meint. Sie liebt den nährstoffreichen Boden in der Nähe unserer Siedlungen und versorgt uns im Gegenzug mit vielen Dingen für unser tägliches Leben. Im Altertum wurde die Nessel anlässlich kultischer Frühlingsfeste verzehrt und ein

Liebestrank aus Blättern wie auch Samen gebraut.
Tipp: Für einen kleinen Liebeszauber Brennnesselblattwerk räuchern.

Eine andere Idee verfolgten römische Legionäre im klimatisch relativ frischen Britannien. Sie peitschten ihre ausgekühlten Gliedmaßen mit Brennnesselruten und profitierten von der durchblutungsfördernden, wärmenden Wirkung des Wunderkrautes.

Als *Spinat der Armen* rief die Brennnessel stets große Freude hervor, wenn sie im Frühjahr die ersten zarten Triebe durch den schmelzenden Schnee schickte. Auch heute lassen sich mit ihr großartige Gerichte zaubern. So gehört eine Brennnesselcannelloni zu den leckersten Wildpflanzengerichten überhaupt. Einfach den Spinat im Rezept durch die Blätter der Brennnessel ersetzen und fertig.

Ungeübten ist zu empfehlen bei der Ernte Handschuhe zu tragen. Wird das Wildkraut anschließend gekocht, ist das weitere Vorgehen relativ einfach: Blätter waschen, trocken tupfen und ab damit in den Topf. Ist roher Nesselgenuss das Ziel, hat sich der Einsatz eines Nudelholzes sehr bewährt. Mit diesem sehr sorgfältig alle Brennnesselblätter abrollen. So werden alle lästigen Haare gebrochen und die nun nicht mehr brennende Nessel zu einem wahren Hochgenuss.

Beliebte Outdoor-Mutprobe: rohe Brennnesselblätter essen. Dazu ein Blatt pflücken, es etwa 20-mal gewissenhaft drücken und kneten, dann verspeisen. Kinder lieben diese Challenge und sind mit großer Begeisterung dabei!
Lohn für diese überschaubaren Mühen ist ein frisches und gesundes Mittel zum Leben, reich an Kohlenhydraten, Fetten, Eiweiß, Mineralien wie Magnesium, Kalium, Eisen, Kieselsäure, den Vitaminen A, C, E, und Flavonoiden.

Im Herbst stehen die ölhaltigen Samen im Vordergrund. Diese können roh oder auch kurz angeröstet verzehrt werden. Wie Pfeffer über das Essen gestreut, werten sie durch ihren nussigen Ton und ihre gesunden Inhaltsstoffe eine Vielzahl von Speisen auf.

Auch die Brennnesselwurzeln haben Potential. Ihnen wird eine positive Wirkung bei Prostataleiden des Mannes zugeschrieben. Beste Erntezeit ist im Spätherbst oder Winter.

Die Brennnessel ist wirklich eine Pflanze für alle Fälle. Denn aus ihren festen und faserigen Pflanzenstängel lässt sich der robuste Nesselstoff, der dem Leinen sehr ähnlich ist, herstellen. Dieser galt in der Vergangenheit als so witterungsbeständig und stabil, dass er Verwendung bei den Segelschiffflotten aller Nationen fand. Jedoch konnte auch mit Nesselgarn so zart gewoben werden, dass es für hauchdünne Batiste und Musseline diente.

Jeder fürchtet das Brennen, zumal die zartesten Frauen, doch umfängst als Gewand oft du den zartesten Leib.

MATTHIAS JAKOB SCHLEIDEN (1804 – 1881), BOTANIKER

Diese Fülle führte dazu, dass man der Brennnessel eine große Zauberkraft zuschrieb. So sollten auf Bottichrändern gelegte Brennnesseln die Säuerung von Bier oder Milch verhindern. Am Gründonnertag war es ratsam, gesammelte Pflanzen auf dem Dachboden auszulegen, um vor Blitzen geschützt zu sein. Und wer in der Walpurgisnacht den Dunghaufen mit Brennnesselruten schlug, konnte Hexen die Macht über das Vieh nehmen.

Dies ist das Kraut, das »Wergulu« [Nessel] heißt;
das entsandte der Seehund über dem Rücken der See
zur Hilfe gegen die Bosheit von einem anderen Gift.
Es steht gegen Schmerz, widersetzt sich dem Gift,
es hat Macht gegen 3 und gegen 30,
gegen die Hand des Feindes und gegen unheilvolle Machenschaften,
und gegen Behexung gemeiner Wesen.

NEUN-KRÄUTER-ZAUBER, 9./10. JAHRHUNDERT

Durch alle Zeiten regte die Brennnessel mit ihrem besonderen Charakter und Eigenschaften die Menschen an, sich mit ihr zu beschäftigen. So stellte Götz von Berlichingen fest: »Nesseln brennen Freund und Feind«, sie also keinen Unterschied machen und in einem alten Spruch »Ein Weiser zürnt nicht, dass eine Nessel brennt, es ist der Nessel Art, ihr weichet, wer sie kennt« wird ein geschicktes Verhalten im Umgang mit ihnen empfohlen.

FRÜHLINGSHAFTE BRENNNESSELROLLE

(für 4 Personen)

1 Packung Blätterteig
4 Kartoffeln
100 g geriebener Bergkäse
3 Gelbe Rüben
1 Zwiebel
1 Ei
5 Handvoll Brennnesselblätter
5 Bärlauchblätter
etwas Olivenöl
Salz
Pfeffer
Muskatnuss

Kartoffeln mit Schale kochen, dann schälen. Anschließend zu Brei stampfen und mit Salz, Pfeffer und Muskatnuss würzen.
Gut auskühlen lassen – sehr wichtig.
Zwiebel fein würfeln und in Olivenöl anbraten.
Gelbe Rüben schälen und ebenfalls in feine Streifen schneiden.
Diese zu den Zwiebeln geben und mitgaren lassen, eventuell etwas Wasser zugeben.
Jetzt bei empfindlichen Händen Handschuhe anziehen. Brennnesseln und Bärlauch waschen, putzen und abtropfen lassen. Dann beide Wildkräuter in feine Streifen schneiden und abschließend zum Zwiebel-Gelbe-Rüben-Gemüse geben.
Blätterteig ausbreiten und die Ränder mit verquirltem Ei bestreichen.
Nun 2/3 der Blätterteigfläche mit dem ausgekühlten Kartoffelstampf bestreichen. Dabei mindestens 2 cm Abstand zu den Rändern lassen.

Die Gemüse-Kräutermischung und den Bergkäse schichtweise darauf verteilen. Blätterteig zum unbelegten Drittel hin aufrollen.
Den Blätterteig auf allen Seiten mit einer Gabel eindrücken und so die Rolle sorgfältig verschließen. Dabei aufpassen, dass der Blätterteig nicht einreißt oder Löcher bekommt.
Die Rolle mit restlichem Ei bestreichen und bei 200 °C Ober-/Unterhitze im vorgeheizten Backofen für etwa 20 Minuten goldbraun backen.

Dazu schmeckt ein Brennnessel-Dip sehr fein.

BRENNNESSEL-DIP

150 g Frischkäse
150 g Schmand
1 Handvoll Brennnesselblätter
4 EL frisch geriebener Meerrettich
Salz
Pfeffer

Bei empfindlichen Händen bitte Handschuhe anziehen.
Brennnesseln waschen, putzen und abtropfen lassen.
Mit einem Nudelholz gut abrollen, dann sehr fein schneiden.
Alle Zutaten gut vermengen und mit Salz und Pfeffer abschmecken.

BRENNNESSEL-FRISCHPRESSSAFT

zur reinigenden und stimulierenden Frühjahrskur

Brennnessel frisch entsaften.
Am besten dazu einen guten Entsafter verwenden. Alternativ die Brennnessel fein mixen. Das Kräuterpüree in ein sauberes Küchentuch geben und gut auswringen. Dabei den Saft in einem Glas auffangen.

Die Volksheilkunde empfiehlt, 3 x täglich 2 TL Presssaft mit etwas Wasser einzunehmen.

Die Kräuter bieten einander den Duft ihrer Blüten. Ein Stein strahlt seinen Glanz auf die anderen, und jede Kreatur hat einen Urtrieb nach liebender Umarmung.

HILDEGARD VON BINGEN

Schwarzer Holunder

(Sambucus nigra L.)

regionale Volksnamen:
Holler, Flieder

»schützend, heilend«

Es ist noch nicht sehr lange her, vielleicht gerade mal 70 oder 80 Jahre, da konnte man auf dem Land noch Menschen erleben, die vor einen Hollerbusch stehen blieben und ihren Hut zogen. Sie waren voller Ehrfurcht und Dankbarkeit vor der *Apotheke des kleinen Mannes*, was auf die Bedeutung des Holunders in der Volksheilkunde schließen lässt, wie auch vor dem Wohnsitz der Göttinnen Freya und Frau Holle, die segensbringende holde Muttergöttin, die alles Böse vom Hof abwehrt.
Wie das alte Sprichwort *»Holunder-Stecken und Schwarzdorn-Geäst – so wird es eine*

Umzäunung für die Ewigkeit« zeigt, war der große Strauch oder kleine Baum neben Schwarz- und Weißdorn, Hasel, Heckenrose und Vogelbeere seit jeher wichtiger Teil der Gehöftsumfriedungen. Diese boten nicht nur Schutz vor wilden Tieren und sonstigen Feinden, sondern versorgten die Bewohner mit Medizin, wie die Bauernregel *»Holunder tut Wunder«* nahelegt, aber ebenso mit Nahrungsmitteln und speziellen Hölzern.

Die Verehrung des Holunders zog sich durch viele alte Völker. Griechen und Germanen brauchten sein Holz zur Totenbestattung. In Norddeutschland war es bis vor nicht allzu langer Zeit üblich, dass der Schreiner mit einem frisch geschnittenen Holunderzweig das Maß des Toten für den Sarg nahm und der Kutscher des Leichenwagens die Pferde nicht mit einer Peitsche sondern mit einem Holunderstock antrieb.
Seine Langlebigkeit und Widerstandskraft bescherten ihm auch die Funktion des Schatzwächters. Zogen plündernde Horden durch das Land, wurden Geld und Schmuck unter dem Hollerbusch vergraben und der Stamm samt Äste abgehackt. So konnten die Bewohner, auch wenn sie erst nach Jahren wieder zurückkamen, den Schatz unter dem inzwischen wieder ausgetriebenen Holunderbäumchen wiederfinden und ausgraben.

Die besondere Bedeutung des anspruchslosen Strauchs, dessen Samen durch Vögel oder den Menschen verbreitet wird, liegt eindeutig im medizinischen Bereich. Da bis auf die Blüten alle Teile der Pflanze Blausäureglykoside enthalten und leicht giftig sind, sollten sie vor dem Verzehr unbedingt erhitzt werden. Bereits 400 v. Chr. empfahlen Hippokratische Schriften den Schwarzen Holunder als harntreibendes, abführendes und gynäkologisches Mittel.

Rinde, Beere, Blatt und Blüte, jeder Teil ist Kraft und Güte, jeder segensvoll.

SPRICHWORT

Er wurde über die Jahrhunderte gegen Atemwegserkrankungen, Wassersucht, Furunkel, als Abführmittel, Brechmittel, fiebersenkendes und blutreinigendes Mittel und in der Volksmedizin als beruhigendes und schmerzstillendes Mittel bei Kopf-, Zahn-, und Ohrenschmerzen eingesetzt.
Grund hierfür ist seine Vielzahl an wertvollen Inhaltsstoffen. In den Blüten finden sich ätherische Öle, ein hoher Anteil an freien Fettsäuren, schweißtreibende Flavonoide (Rutin), Gerbstoffe und ein bemerkenswert hoher Anteil an Kaliumsalzen (4 – 9 %).
Die Früchte sind noch gesünder. Neben dem ätherischen Öl und den Flavonoiden enthalten sie Zucker, Fruchtsäuren, Mineralstoffe, Vitamine B2, C und Folsäure wie auch Holunderlektine, die die Pflanze vor Virenbefall schützen und beim Menschen die Abwehrkräfte stärken.
Aus den Beeren lassen sich wunderbare Säfte und Aufstriche machen, die uns in der kalten Jahreszeit stärken. In manchen Brennereien wird aus ihnen ein feiner Holundergeist destilliert.
Ein wahrer Genuss im Frühling sind die besonders in Süddeutschland weit verbreiteten *Hollerkiachal*, eine zart aromatische Süßspeise.

HOLLERKÜCHERL (HOLLERKIACHAL)

(für 4 Personen)

4 bis 8 Holunder-Blütendolden
125 g Mehl
250 ml helles Bier, gerne auch alkoholfrei
1 Eigelb
1 TL Sonnenblumenöl
1 Prise Salz
1 steifgeschlagenes Eiweiß
1 l Bratöl
Puderzucker
eventuell Holunderblütensirup

Schön aufgeblühte Holunderblütendolden an einem sonnigen Tag mittags ernten. Dabei den Doldenstängel lang genug lassen.
Zu Hause die Blüten kurz im Freien auf einem Papier auslegen, so haben eventuell verbliebene Insekten die Möglichkeit zur Flucht.
Mehl mit Bier, Eigelb, Sonnenblumenöl und Salz zu einem dünnen Teig verrühren.
Dann das Eiweiß unterheben.
Öl in einem großen Topf stark erhitzen.
Die Hollerkücherl lassen sich am besten im tiefen Öl frittieren. Holunderblüten durch Bierteig ziehen, kurz abtropfen und goldgelb ausbacken.
Je nach Geschmack mit Holunderblüten-Sirup beträufeln und Puderzucker bestäuben.

SCHWITZ-TEE

(ergibt 100 g)

gut bei beginnender Erkältung

35 g Holunderblüten
35 g Lindenblüten
20 g Hagebuttenfrüchte
10 g Süßholzwurzel

Alles gut mischen. Pro Tasse zwei Teelöffel der Teemischung mit kochendem Wasser übergießen, 10 Minuten ziehen lassen, dann abseihen.

HOLUNDER-PUNSCH

(ergibt ca. 1 l)

schmeckt im Herbst und Winter, aber auch an nasskalten Frühlingstagen

5 Gewürznelken
2 Kardamomkapseln
½ Zimtstange
½ TL roter Pfeffer
½ aufgeschnittene Vanilleschote
200 ml Wasser
1 TL schwarzer Tee
Zesten und Saft einer halben Bio-Zitrone
200 ml Holundersaft
400 ml Orangensaft
200 ml Apfelsaft
Honig nach Geschmack

Alle Gewürze leicht anmörsern.
Wasser in einen Topf füllen.
Schwarzen Tee, Gewürze und Zitronenzesten zugeben und alles kurz aufkochen.
Nach 15 Minuten durch ein feinmaschiges Sieb abgießen.
Holunder-, Orangen- und Apfelsaft dem Gewürztee zugeben und alles gemeinsam erhitzen, aber nicht kochen.
Mit Zitronensaft sowie Honig abschmecken.

Mutter Holunder

Es war einmal ein Junge, der erkältet war. Er war draußen gewesen und hatte nasse Füße bekommen. Niemand konnte begreifen, wo er sie sich geholte hatte, denn es war ganz trockenes Wetter. Nun zog seine Mutter ihn aus, brachte ihn zu Bett und ließ die Teemaschine hereinbringen, um ihm eine gute Tasse Holundertee zu machen, denn der wärmt!

In diesem Augenblick kam der alte lustige Mann zur Tür herein, der ganz oben im Haus wohnte und so allein lebte; denn er hatte weder Frau noch Kinder, liebte aber alle Kinder sehr und wusste so viele Märchen und Geschichten zu erzählen, dass es eine Lust war.

»Jetzt trinkst du deinen Tee«, sagte die Mutter, »vielleicht bekommst du dann ein Märchen zu hören.«

»Wenn ich bloß ein neues wüßte«, sagte der alte Mann und nickte so freundlich.

»Aber wo hat sich der Junge die nassen Füße geholt?«, fragte er.

»Ja, wo hat er die wohl her?«, sagte die Mutter. »Das kann niemand begreifen.«

»Bekomme ich ein Märchen?«, fragte der Junge.

»Kannst du mir etwa sagen, denn das muss ich zuvor wissen, wie tief der Rinnstein drüben in der kleinen Straße ist, wo du in die Schule gehst?«

»Das Wasser reicht mir gerade bis an die Mitte meiner Stiefelschäfte«, sagte der Knabe, »aber dann muss ich in das tiefe Loch gehen!«

»Siehst du, von dort haben wir die nassen Füße her«, sagte der Alte.

»Nun sollte ich freilich ein Märchen erzählen, aber ich weiß keins mehr!«

»Sie können sich gleich eins ausdenken«, sagte der Knabe. »Mutter sagt, dass alles, was Sie sehen, ein Märchen werden kann und aus allem, was Sie berühren, können Sie eine Geschichte machen.«

»Aber diese Märchen und Geschichten taugen nichts. Nein, die richtigen, die kommen von selbst, sie klopfen an meine Stirn und sagen: «Hier bin ich!«

»Klopft es nicht bald?«, fragte der kleine Junge, und die Mutter lachte, tat Holundertee in die Teekanne und goss kochendes Wasser darüber.

»Erzähl! Erzähl!«

»Ja, wenn die Märchen nur von selbst kommen wollten, aber so eins kommt nur, wenn es gerade Lust hat – halt!«, sagte er auf einmal. »Da haben wir es! Gib acht, jetzt ist eins in der Teekanne!«

Und der Junge schaute zur Teekanne hin: der Deckel hob sich mehr und mehr, und die Holunderblüten kamen frisch und weiß hervor. Sie trieben große, lange Zweige, selbst aus der Tülle kamen sie, breiteten sich nach allen Seiten aus und wurden immer größer. Es war der schönste Holunderbusch, ein ganzer Baum. Er ragte in das Bett hinein und schob die Gardinen zur Seite; nein, wie das blühte und duftete! Und mitten im Baum saß eine alte, freundliche Frau mit einem wunderlichen Kleid; es war ganz grün, wie die Blätter des Holunderbaumes und mit großen, weißen Holunderblüten besetzt. Man konnte nicht gleich sehen, ob es Kleid war oder lebendes Grün und Blüten.

HANS CHRISTIAN ANDERSEN (1805 – 1875)

Gundermann

(Glechoma L.)

regionale Volksnamen:
Gundelrebe, Blauhuder, Erdefeu, Engelskraut, Buldermann, Gewitterblume, Donnerrebe, Guck-durch-den-Zaun, Gutermann, Heckenkieker, Heckenmädchen, Heilrauf, Huderich, Kiek dörn Tun, Soldatenpetersilie, Steinumwickler, Stinkender Abbatz, Totenkraut, Wildes Katzenkraut, Zickelskräutchen

»kraftvoll, macht sehend«

Jeder, der schon einmal seine prächtigen kleinen violetten Blüten zu Tausenden in der Frühlingssonne hat leuchten sehen, wird dieses Bild nie wieder vergessen. Die kräftige Blütenfarbe des Lippenblütlers hat bei den Germanen zu der Bezeichnung Gewitter-

blume geführt, da sie eine Übereinstimmung mit der Farbe der Blitze sahen.
Andere Namen weisen auf die Wuchseigenschaften des durchsetzungsfreudigen Flachwurzlers hin. Er wächst durch und über Zäune, über andere Pflanzen und ist im Garten ein toller, einheimischer Bodendecker. Dabei bevorzugt der Gundermann frische, feuchte, schwere nährstoffreiche Böden, gerne in Begleitung von Brennnessel, Giersch und Knoblauchsrauke. Also ein allerfeinstes, natürliches Kräuterbeet.

Beim Pflücken seiner Blätter, wobei die jungen wie immer die besten sind, kann man etwas Unvergessliches erfahren: seinen einzigartigen, würzigen und aromatischen Duft. Entsprechend kräftig ist der Geschmack der Blätter. Er wird als harzig-aromatisch, leicht bitter und minzartig beschrieben. Der Gundermann ist also eher ein Würzkraut mit dem sich eine Vielzahl von Gerichten verfeinern lässt.
In Likören, Würzölen, der Kräuterbutter und in Kräutersalzen, Pestos, Gemüsegerichten, Suppen, Eintöpfen, Salaten, kräftigen Kartoffel- oder Fleischgerichten sollte er nicht fehlen. Roh genossen eignen sich die Blätter zur Atemerfrischung.
Die Blüten dagegen sind geschmacklich eher zart und leicht süßlich, daher bestens geeignet für Süßes und zur frühlingshaft-fröhlichen Garnitur. So lassen sich mit ein paar bunten Blüten selbst einfachste Speisen schnell zu wahren Sinnesfreuden aufpeppen.

In der Signaturenlehre wurde versucht, anhand besonderer Merkmale die Wirkungsweise und so denkbare Anwendungsmöglichkeiten diverser Pflanzen abzuleiten. So erkannte man in den nierenförmigen Gundermannblättern die Signatur der Niere und wendete die Heilpflanze bei urogenitalen Beschwerden an. Drüsen und auch die Harnorgane stehen übrigens unter dem besonderen Schutz der Liebesgöttin Venus.

»Sankt Petrus hol drei Gundelreben und lass sie durch deinen Mund schweben, so wird dein Mund gesund werden!« So sprach Jesus, wie uns eine alte Legende berichtet, zu seinem Jünger, als dieser wegen unerträglicher Zahnschmerzen laut und gotteslästerlich fluchte.

Die Vielzahl an gundermanneigenen Inhaltsstoffen wie entzündungshemmende Gerbstoffe, Vitamin C, Bitterstoffe, Flavonoide, Kalium und andere Mineralien machen den Gundermann zu einem beliebten Mittel in der Volksheilkunde.
So soll er den Appetit anregen, die Verdauung fördern, schleim- und steinlösend wirken und Entzündungen hemmen. Innerlich erfolgte daher die Anwendung gegen Magen-Darm-Katarrhe, Leberbeschwerden, Blasenleiden und als Gurgelmittel bei Entzündungen im Mund- und Rachenraum. Äußerlich dagegen bei schlecht heilenden Wunden, Ausschlägen und Ekzemen.

Hildegard von Bingen war eine große Liebhaberin der Gundelrebe und rühmte deren Grünkraft. Sie charakterisierte die mächtige Heilpflanze als mehr warm und trocken.
Bei körperlichen und geistigen Erschöpfungszuständen empfahl sie folgende Vorgehensweise: *»... ein Mensch, der matt ist*

und dem die Vernunft entschwindet, ... er esse sie entweder mit Fleisch oder mit »cucheln« und sie wird ihm helfen.«

Schmerzen oder Geschwüre in der Brust, bei Kopf- und Ohrenschmerzen, Fieber und Müdigkeit waren laut Hildegard von Bingen ein Fall für die Gundelrebe.
Eingenommen in Mus oder Suppe wie auch als Bad konnte man auf baldige Linderung hoffen.

Für den Menschen ist der Gundermann sehr hilfreich. Anders verhält es sich bei Tieren. Hier kann der Gundermann tatsächlich giftig sein; vor allem Pferde und andere Säugetiere sind gefährdet.

Einen besonderen Zauber bietet der Gundermann noch in der Walpurgisnacht zum 1. Mai. So soll man in dieser besonderen Zeit, wenn man durch geflochtene Kränze aus Gundelreben blickt, Hexen erkennen oder ein Blick in die Anderswelt erhaschen können.

RÜHREIER MIT GUNDERMANN

(für 4 Personen)

1 Handvoll frische Gundermannblätter
½ EL Gundermannblüten als Garnitur
8 Eier
½ Becher süße Sahne
Salz
Pfeffer
etwas Butter

Gundermann waschen, putzen, trocken tupfen und mit einem scharfen Messer in feine Streifen schneiden. ½ EL als zusätzliche Garnitur zurückbehalten.
Blüten nicht waschen.
Eier, Sahne, Salz und Pfeffer verquirlen.
Butter in einer nicht zu kleinen Pfanne schmelzen, dann die Eiermischung und Gundermann zugeben. Beginnt die Masse zu stocken mit einem Kochlöffel vom Pfannenrand in die Mitte fahren und das Rührei immer wieder teilen.
Fertig ist die Eierspeise, sobald alles komplett gestockt ist.
Rührei portionieren und mit den restlichen Gundermannblüten und -blättern hübsch ausgarnieren.

GUNDERMANN-BUTTER

prima zur Eröffnung der Grillsaison – schmeckt gut zu Fleisch, Fisch und natürlich auch zu Gemüse, ganz besonders zu empfehlen ist die Gundermann-Butter auf geröstetem Brot

250 g weiche Butter
1 Handvoll frische Gundermannblätter
½ TL Salz
1 TL Zitronensaft
1 EL Gundermannblüten als Deko

Butter schaumig aufschlagen.
Gewaschene, geputzte und gut trocken getupfte Gundermannblätter mit etwa einem Drittel der Butter fein pürieren.
Die Grundmasse mit der restlichen Butter vermengen.
Anschließend mit Salz und Zitronensaft abschmecken. In ein hübsches Schälchen füllen und mit den Blüten garnieren.

Alle Hecken zeigten einen grünen Saum
und an den geharkten Stellen,
wo man das abgefallene Laub an die Seite gekehrt hatte,
keimten bereits die grünen Blättchen des Gundermann,
und einmal war es ihr,
als schöss eine Schwalbe mit schrillem
aber heiterem Ton an ihr vorüber.

THEODOR FONTANE (1819 – 1898)

Rose

(Rosa L.)

»schützend, stärkend, liebend«

Die Heckenrose
Eine schlanke Heckenrose
schaukelt lustig in dem Wind;
freute sich, das fleckenlose,
rosig zarte Sonnenkind.

RUDOLF PRESBER (1868 – 1935)

Keine andere Pflanze oder Blume hat die Menschen auf die eine oder andere Art so bewegt wie die Rose. Die bei uns wild vorkommende Heckenrose ist den Göttinnen Aphrodite, Venus, Frigga, Holda und der Jungfrau Maria zugeordnet und steht als Symbol für Vollkommenheit, Schönheit, Göttliche Liebe, Irdische Liebe, Vergänglichkeit und Tod.

Rose, wie bist du reizend und mild!
Du bist der Unschuld liebliches Bild.
Rose, du trinkest himmlischen Tau,

schmückest den Busen, Garten und Au.
Du, die zur Gabe ich mir erkor,
lächelst aus Dornen freundlich hervor.
Sendest noch sterbend Düfte uns zu
Rose, du Holde!
Leben und sterben will ich wie du.

JOHANN JAKOB IHLE (1702 – 1774)

Kaiserin Elisabeth (Sissi) von Österreich dichtete nach dem Tode des Bayernkönigs Ludwig II. im Sommer 1886:

»Du sandtest mir blühende Rosen
Einst über den lieblichsten See
Mit Zweigen des weißen Jasmines
Gleich duftenden Nachtwinterschnee.

Doch jüngst erst band ich dir ein Sträußchen
Aus duftendem weißen Jasmin
Sie brachten's wohl über das Wasser
Sie legten auf's Herz es dir hin.

Drauf wand ich aus blühenden Rosen
Den Kranz von berauschendem Duft
Den trug ich voll Sorgfalt und Liebe
Hinab in die dunkelnde Gruft.

Dort hab ich Abschied genommen
Und drückte noch leise zum Schluss
Mein unvergesslicher König
Auf deinen Sarg einen Kuss.«

Die überbordende Symbolik und Zauberkraft der Rose kam auch in vielen anderen Bereichen zum Ausdruck. Sie war als Hagedorn Teil der Schutzhecken, die die Gehöfte umgab, bot Schutz vor Gewitter und das zottelige Haar eines Werwolfs blieb an ihren Dornen hängen, worauf sich dieser wieder in einen Menschen verwandelte. Sie schützte als Rosenhag den heiligen Hain der Göttin Frigga und Hexen fürchteten sich davor, einen ihrer Zweige zu brechen. Als Symbol für die weiterlebende Seele wurde bei germanischen Leichenverbrennungen der Scheiterhaufen mit Rosenholz bestückt. Auch der Turnierplatz der Ritter im Mittelalter kam durch sie zu seinen Namen Rosengarten. Es sei hier auch an die Rosenkriege in England erinnert. Natürlich fand die Rose auch Einzug in die Welt der Märchen. Jeder kennt Dornröschen oder andere Geschichten in denen die Dornenhecke die ein oder andere wichtige Rolle spielt. Schneewittchen lief durch Dornen. Hans Christian Andersen widmete dem Rosenelf eine ganze Geschichte und Goethe setzte ihr mit *Heideröslein* ein Denkmal.

Sah ein Knab ein Röslein stehn,
Röslein auf der Heiden
war so schön und morgenschön,
lief er schnell, es nah zu sehn,
sah's mit vielen Freuden.
Röslein, Röslein, Röslein rot,
Röslein auf der Heiden.

Knabe sprach, ich breche dich,
Röslein auf der Heiden!
Röslein sprach, ich steche dich,
dass du ewig denkst an mich.
Und ich will's nicht leiden
Röslein, Röslein, Röslein rot,
Röslein auf der Heiden.

Und der wilde Knabe brach's
Röslein auf der Heiden;

Röslein wehrte sich und stach,
half ihm doch kein Weh und Ach,
musst es eben leiden.
Röslein, Röslein, Röslein rot,
Röslein auf der Heiden.

JOHANN WOLFGANG VON GOETHE (1749 – 1832)

Auch zum leiblichen Wohl kann die Rose einiges beitragen. So kann man aus ihren Blüten, zum richtigen Zeitpunkt an einem sonnigen Morgen geerntet, nicht nur Likör herstellen, sondern auch eine zarte Rosenbutter, die besonders zu gegrilltem Gemüse oder Fleisch einen wunderbaren Kontrast bietet.
Sind dann aus den Blüten die roten Hagebutten entstanden, kann man aus diesen ein vitaminreiches Mus oder eine Suppe bereiten. Die nach Vanille schmeckenden Kernchen lassen sich entweder zu einem Schabernack nutzen, indem man sie einer zu ärgernden Person in den Hemdkragen streut oder man macht einen vorzüglichen Kernlesetee daraus.

Inhaltsstoffe sind vor allem Gerbstoffe, Vitamine, Mineralien, Flavonoide und natürlich das herrlich duftende ätherische Rosenöl.

Ein Tee aus Rosenblüten wird als entzündungshemmend, wundheilend, entspannend und stimmungsaufhellend beschrieben. Das ätherische Öl wie auch das Rosenwasser sind in der Kosmetik ausgesprochen beliebt. Der Duft spricht viele an, auch sind sie für jeden Hauttyp sehr gut geeignet. Sogar bei der Behandlung von Herpes und Gürtelrose wird die Rose eingesetzt.

Unser Immunsystem können wir mit Hilfe der Hagebutten stärken. Ein Tee aus den Kernen schmeckt nicht nur gut, sondern wird zudem volksmedizinisch bei Steinleiden empfohlen. Werden die Samen gepresst, lässt sich Öl gewinnen. Dieses ist hilfreich zur Narbenheilung und wird kosmetisch zur Faltenreduktion genutzt.

Geerntet werden die Blütenblätter im Idealfall an einem sonnig-warmen Vormittag, denn dann kommen die ätherischen Öle zur vollen Entfaltung. Die Hagebutten sind ab Ende September reif. Wunderbar rot und voll ausgereift versprechen sie Gesundheit gepaart mit wahrem Hochgenuss.

Die berühmteste Rose ist wahrscheinlich der 1.000-jährige Rosenstock an der Apsis des Hildesheimer Doms. Dieses sagenumwobene Exemplar einer Hundsrose ist eng verbunden mit der Gründung des Doms und der Stadt Hildesheim. Im März 1945 verbrannte der Rosenstock nach einem Bombenangriff, jedoch trieb die Pflanze wie ein Wunder wieder aus und so bekam die alte Legende vom Rosenwunder neue Bedeutung.

Legende vom Rosenwunder

Kaiser Ludwig der Fromme brach im Jahr 815 mit kleinem Gefolge zur Jagd auf.
Mit großem Eifer war die Gesellschaft zu Gange, als im Dickicht plötzlich ein weißer Hirsch auftauchte. Voll Jagdfieber setzte der Kaiser dem Hirsch nach – über Wald und Wiese, über Berg und Tal. Völlig überanstrengt brach nach langer Verfolgung

sein treues Pferd zusammen und der Hirsch verschwand.
Verirrt im dunklen Wald und ohne rettende Hilfe fand sich der Herrscher wieder. Nun wusste er sich keinen anderen Rat als ein inständiges Gebet. Dazu nahm er sein Kreuz ab, hängte es über ein Gebüsch und kniete nieder.
Komplett ermüdet von der Jagd und seinen Sorgen schlief er ein. Stunden später erwachte er und stellte fest, dass der gesamte Platz eingeschneit war, während alles andere grünte.
Als er sein Kreuz vom blühenden Rosenstrauch nehmen wollte, gelang es ihm nicht. Es wurde mit übermächtiger Kraft gehalten. Kaiser Ludwig gelobte nun hier, an dieser wundersamen Stelle, eine Kapelle bauen zu lassen. Kurz darauf hörte er die Jagdhörner seines Geleites und wurde aus der misslichen Lage gerettet. Das Gefolge staunte nicht schlecht, als der Kaiser die Geschichte vom Rosenwunder erzählte.
Später löste Kaiser Ludwig sein Gelübde tatsächlich ein und errichtete an dieser Stelle eine kleine Kirche. Mit den Jahren entwickelte sich aus der Kapelle der mächtige Hildesheimer Dom, an dessen Apsis noch immer ein Rosenstauch wächst.

RHABARBER-ROSENBLÜTEN-LIMO

500 ml Rhabarbersaft
500 ml gekühltes Sprudelwasser
2 Handvoll Blütenblätter einer unbehandelten Duftrose
3 EL Rosenwasser
Eiswürfel
ein paar besonders schöne Rosenblätter als Garnierung

Rosenblüten an einem sonnigen Spätvormittag ernten und etwa eine Stunde lang auf einem Tuch im Freien auslegen, damit sich Insekten retten können.
Die besonders makellosen Blüten abgedeckt in den Kühlschrank stellen.
Dann die restlichen Blüten in einen Krug geben und mit Rhabarbersaft aufgießen. Etwa 12 Stunden ziehen lassen und im Anschluss durch ein Sieb abgießen.
Dem Rosenblütenauszug das Sprudel- und Rosenwasser sowie die Eiswürfel zugeben. Mit den beiseite gestellten Blüten garnieren.

MILCHBAD MIT ROSENBLÜTEN

macht eine wunderbar zarte und glatte Haut, der herrliche Duft hilft zu entspannen, beruhigt und sorgt für gute Laune

1 Becher süße Sahne
3 Tropfen naturreines ätherisches Rosenöl – nicht ganz preiswert, aber es lohnt sich
2 Handvoll frische Blütenblätter einer unbehandelten Duftrose

In einer Wanne mit angenehm temperiertem Badewasser die Sahne wie auch das Rosenöl verrühren. Dann die Blütenblätter ins Wasser streuen und den Badefreuden steht nichts mehr im Wege.

Kornelkirsche

(Cornus mas L.)

regionale Volksnamen:
Dirndl, Herlitze, Dirlitze, Welsche Kirsche

»sonnig, fröhlich, glücksbringend, stark, widerstandfähig«

Wenn man bei einem ersten Frühlingsspaziergang glaubt, in der Ferne gehe eine zweite Sonne auf, so wandert man direkt auf eine leuchtend gelb blühende Kornelkirsche zu.
Es ist ein prächtiges Bild, die unzähligen Blütenkrönchen vor dem intensiv blauen Frühlingshimmel strahlen zu sehen. Nun ist klar, der Lenz steht vor der Tür.
Aus diesen wunderschönen Blüten, die Bienen und andere Insekten magisch anziehen, werden über das Jahr kirschähnliche Früchte, die die Grundlage für einige Spezialitäten bilden.

Ich wandere den ganzen Tag, um den Frühling zu suchen und meine Schuhe gehen kaputt. Am Abend habe ich den Frühling noch nicht gefunden. Ich kehre heim und sehe eine Kirschblüte in meinem Garten. Der Frühling ist da.

AUS CHINA

Ab Mitte August bis Anfang September ist in unserer Region Erntezeit. Hier lohnt es sich, den idealen Zeitpunkt abzuwarten. Sind die leckeren Früchtchen fast schon schwarzrot und fallen freiwillig in die Hand, ist es so weit und wir werden mit einem unvergleichlich feinen süß-säuerlichem Fruchtgeschmack belohnt.
Mit etwas Mühe und viel Liebe entkernte Früchte lassen sich in Aufstriche oder fruchtig-säuerliche Chutneys für den Winter verwandeln. In Österreich können Freunde geistiger Getränke den relativ seltenen und ausgesprochen aromatischen Dirndlgeist genießen.

Die Freude an der Kornelkirsche ist nicht ganz neu. Kernfunde in bronzezeitlichen Siedlungen lassen erahnen, dass Kornelkirschen schon vor Jahrtausenden als Nahrungsmittel bekannt waren.
Wie uns Ovid in seinen Metamorphosen hinterlassen hat, ernährte sich gar der friedliche Teil der Menschheit während des mythischen Goldenen Zeitalters neben Erd- und Brombeeren auch von Kornelkirschfrüchten.
Aber nicht nur in der Küche fanden die Früchte seit langer Zeit Verwendung. Homer berichtet, dass die Zauberin Kirke ihre Schweine neben Eicheln und Buchenmast mit Kornelkirschen fütterte.

Das harte und widerstandsfähige Holz der Pflanze wurde im Altertum weniger friedliebend genutzt. Es fand im militärischen Bereich sogar in so großem Umfang Einsatz, dass die Begriffe für Lanze oder Speer durch den Namen der Kornelkirsche ersetzt wurden.
In Ovids Metamorphosen heißt es:
»... schwang die mit Erz vorblinkende Last der Kornelle«. Die neuartige makedonische Phalanx unter Phillip II. wäre ohne die sechs Meter langen Sarissen, ein Spieß mit kornelkirsch-hölzernem Schaft, nicht möglich gewesen. Auch andere antike Waffen wie der Bogen des Odysseus oder das Trojanische Pferd sollen aus dem harten Holz hergestellt worden sein.
Der Heilige Georg soll den Drachen mit einem Speer aus hartem Dirndlholz getötet haben.
In Osteuropa und dem Orient gilt die Kornelkirsche daher als Symbol für Durchhaltekraft und Beständigkeit. Etwas moderner ist der bekannte Spazierstock *Ziegenhainer*, der wohl auch immer wieder als Schlagstock genutzt wurde.

Die Kornelkirsche ist aber auch ein Heil- und Glücksbringer. In Bulgarien wird an Weihnachten, Silvester und zu Heilig-Drei-König mit seinen Zweigen segensreich gewirkt.

Bei uns wurde die zu den Hartriegelgewächsen gehörende Kornelkirsche ab dem frühen Mittelalter angebaut.

In die traditionelle europäische Volksmedizin hat sie es allerdings nicht so richtig geschafft, obwohl die Kornelkirsche einiges an interessanten Inhaltsstoffen zu bieten hat. Neben Zucker sind unter anderem auch entzündungshemmende Gerbstoffe, antioxidative Flavonoide, organische Säuren und Vitamine zu finden. Als mögliche Anwendungsgebiete werden chronische Darmerkrankungen, Durchfall, Fieber und Krampfadern genannt. Hildegard von Bingen hat sich relativ intensiv mit ihr beschäftigt und die Dirlitze den warmen Pflanzen zugeordnet. Sie empfiehlt ihre Anwendung bei Gicht und für den Magen.

Die Kornelkirsche ist warm, und ihre Wärme ist mild, und sie hat süße Feuchtigkeit in sich ... die Frucht dieses Baumes schadet dem Menschen nicht, wenn man sie isst, aber sie reinigt und stärkt den kranken und auch den gesunden Magen, sie nützt dem Menschen für die Gesundheit.

HILDEGARD VON BINGEN (1098 – 1179)

KORNELKIRSCH-SMOOTHIE

(ergibt ca. 300 ml)

100 g frische Kornelkirschen (alternativ 50 ml Kornelkirsch-Direktsaft)
½ Banane
½ Birne
200 ml Wasser
1 EL Honig nach Belieben

Kornelkirschen entkernen.
Banane und Birne grob würfeln.
Alle Zutaten in einem leistungsfähigen Standmixer pürieren.

Selbstverständlich können Kornelkirschen auch direkt und vollreif vom Strauch gegessen werden. Sie schmecken ganz ausgezeichnet und stärken das Immunsystem.

KORNELKIRSCH-BUTTER

passt sehr gut zu gegrilltem Fleisch und Gemüse oder schmeckt gut als Brotaufstrich

2 Handvoll frische Kornelkirschfrüchte
250 g Butter
1 EL Honig
½ Tl Salz
Pfeffer

Kornelkirschen entkernen und Fruchtfleisch pürieren.
Zimmerwarme Butter schaumig schlagen.
Kornelkirschmus und die restlichen Zutaten zugeben. Alles sorgfältig verrühren und abschmecken.
Gekühlt etwa einen halben Tag ziehen lassen.

Ackerwinde

(Convolvulus arvensis L.)

regionale Volksnamen:
Marienkelch, Herrgottskittelchen, Engelshemdchen, Nähgarn, Sauwickel

»umfangend, zart, stark, überlebenswillig«

Langsam lässt es die Winde angehen. Sie gehört wirklich nicht zu den schnellsten Frühlingsblühern. Aber wenn es dann ab Mai oder Juni losgeht, kommt sie gewaltig und überwuchert fast alles, das sich ihr in den Weg stellt. Mit einer tiefreichenden Wurzel verbindet sie sich fest mit dem Erdreich.
Ein dichtes Netz von Wurzelausläufern durchzieht den Boden, aus denen sie immer wieder neu austreibt.
Schnell wird die Überlebenswillige vom, neutral betrachtet, ausdauernden Beikraut

zum wahren Unkraut und ist nicht jedes Pflanzenliebhabers Freund.
Wer bereit ist, sich auf sie einzulassen, wird über mehrere Monate immer wieder aufs Neue mit wunderschönen Blüten beschenkt. Zart, rosa-weiß und lieblich duftend sind sie nur bei schönem Wetter und auch nur für einen Tag geöffnet. Durch diese Eigenschaft gilt die Winde auch als Wetterzeiger. Sind die Wettergegebenheiten günstig, laden ihre trichterförmigen Blüten bis in den Oktober immer wieder viele Insekten wie Wildbienen, Hummeln sowie Schmetterlinge zur Bestäubung ein.

Die Schönheit der Blüten brachte nach einer Kinderlegende der Gebrüder Grimm sogar die Mutter Gottes dazu, aus einer Blüte ein »Glas« Wein zu trinken. Daher kommt auch ihr Beiname *Muttergottesgläschen*.

Den Gärtnern: Ich zog eine Winde am Zaune
und was sich nicht wollte winden,
begann ich aufzubinden.
Und dachte, für mein Mühen
sollt es nun fröhlich blühen.
Doch bald hab ich gefunden
dass ich umsonst mich mühte;
nicht, was ich angebunden, war,
was am schönsten blühte
sondern, was ich ließ ranken
nach seinen eigenen Gedanken.

FRIEDRICH RÜCKERT (1788 – 1866)

Nicht nur an Acker- und Wegrändern erfreuen Winden. Auch ein berankter Pavillon in einem romantischen Garten kann durch sie noch mehr zum Blickfang werden.

Sie ist heute in ganz Europa verbreitet, stammt aber ursprünglich aus Eurasien und Nordafrika.

Sie gilt als leicht giftig und sollte nicht verzehrt werden. Allerdings ist sie auch eine altbekannte Heilpflanze, die in der Volksmedizin lange Zeit genutzt wurde.
Ihre Blätter enthalten herzkreislaufwirksame Glykoside. Diese können den Herzschlag beschleunigen oder beruhigend wirken. Zudem sind in ihr psychoaktive Alkaloide zu finden, die sie früher zu einem Bestandteil von Hexensalben machten.

Bei der Vermehrung verfolgt die Ackerwinde verschiedene Taktiken. Ganz klassisch verteilt sie einerseits ihre Samen, sie fallen bei Reife aus oder werden durch Tiere verteilt, oder sie pflanzt sich über neue Ausläufer ihrer Wurzelsprossen fort. Wie auch immer sie es angeht, die Pflanze ist damit sehr erfolgreich.
Und wie kann man ihrer ein wenig Herr werden? Hühner oder Schweine halten: Diese lieben die Wurzeln der Ackerwinde, graben sie aus und fressen sie auf.

Wie kahl und jämmerlich würde manches Stückchen Erde aussehen, wenn kein Unkraut darauf wüchse!

WILHELM RAABE (1831 – 1910)

Eiche

(Quercus L.)

»stark, standhaft, hart, gerecht, nährend«

»Eichen sollst Du weichen« – dieser Rat mag bei Gewitter gelten, aber an sonnigen Tagen würde man damit einen der eindrucksvollsten Bäume Europas ignorieren. Die Eiche ist besonders im fortgeschrittenen Alter ein Gesamtkunstwerk. Knorrig, verwachsen, gerissen, mit Boden- und Asthöhlen, mächtig, trutzig, kurz: ein altes Symbol für Stärke, Härte und Loyalität.
Wer das Glück hat, eine alte Eichenallee, die früher oftmals die Zufahrten zu Gütern und Schlössern waren, zu kennen, sollte sich unbedingt die Zeit nehmen, diese genauer zu erforschen. Am besten zu allen Jahreszeiten. Kahl im Winter, im späten Frühling frisch-grün und kraftvoll austreibend, mächtig schattenspendend im Sommer und in guten Jahren einen reichen Eichelregen im Herbst verursachend.
Mit etwa 60 bis 80 Jahren werden Eichen

geschlechtsreif und blühen erstmals. Ab dem 200. Geburtstag erregen sie als schlagreife Bäume das Interesse der Forstwirtschaft. Entgehen sie dem prüfenden Blick der Förster, können Eichen uralt werden. 700 bis 800 Jahre sind durchaus drin – in so mancher Legende wird sogar von der märchenhaften 1.000-jährigen Eiche berichtet.

Die Eichbäume

Aus den Gärten komm ich zu euch, ihr Söhne
des Berges!
Aus den Gärten, da lebt die Natur geduldig
und häuslich,
Pflegend und wieder gepflegt mit dem
fleißigen Menschen zusammen.
Aber ihr, ihr Herrlichen! steht, wie ein Volk
von Titanen
In der zahmeren Welt und gehört nur euch
und dem Himmel,
Der euch nährt' und erzog, und der Erde,
die euch geboren.

Keiner von euch ist noch in die Schule der
Menschen gegangen,
Und ihr drängt euch fröhlich und frei,
aus der kräftigen Wurzel,
Untereinander herauf und ergreift, wie der
Adler die Beute.
Mit gewaltigem Arme den Raum, und gegen
die Wolken
Ist euch heiter und groß die sonnige Krone
gerichtet.

Eine Welt ist jeder von euch, wie die Sterne
des Himmels
Lebt ihr, jeder ein Gott, in freiem Bunde
zusammen.
Könnt ich die Knechtschaft nur erdulden,
ich neidete nimmer.
Diesen Wald und schmiegte mich gern ans
gesellige Leben.
Fesselte nur nicht mehr ans gesellige Leben
das Herz mich,
Das von Liebe nicht lässt, wie gern würd ich
unter euch wohnen!

FRIEDRICH HÖLDERLIN (1770 – 1843)

Die »deutsche Eiche« spielte schon bei unseren Vorfahren, den Kelten und Germanen eine große Rolle. Der germanische Gott Donar und der keltische Gott Tanaris werden mit ihnen in Verbindung gebracht. So verwundern die vielen vorchristlichen Eichenheiligtümer nicht. Aber auch der Petersdom in Rom wurde auf einem alten Eichenhain errichtet.
Besonders die keltischen Druiden hatten, wie alle Asterixleser wissen, eine sehr enge Beziehung zu diesem Baum. Der Begriff Druide leitet sich von dem Wort *dair* ab, das *Schneiden von Misteln* bedeutet. Diese mussten, um besonders wirksam zu sein, auf Eichen wachsen und durften keinesfalls den Boden berühren. Der Tisch von König Artus' Tafelrunde soll aus Eichenholz gewesen sein.

Cad Goddeu – Die Schlacht der Bäume

Unter den stampfenden Füßen der schnellen
Eiche – dröhnten Himmel und Erde;
»Mannhafter Wächter der Pforte«,
heißt ihr Name in allen Sprachen.

WALISISCHES GEDICHT DES BARDEN TALIESIN (6. JHD. N. CHR.)

Das harte, widerstandsfähige Holz spielte auch eine wichtige Rolle für den Bau von Segelschiffen. Zudem ist die Eiche, die gerne zusammen mit Buchen, Erlen und anderen Laubbäumen in lockeren Wäldern wächst, eng mit der menschlichen Siedlungsgeschichte in Europa verknüpft.
Es finden nicht nur bis zu 250 verschiedene Tiere – angefangen bei verschiedensten Insekten, Vögeln, Säugetieren und Pilzen – in, auf und unter ihr Heimat, es wurde der Eiche auch eine große Bedeutung als Zeigerpflanze zugeschrieben. So galten folgende Regeln, mit denen man voraussagen wollte, ob der Sommer verregnet oder trocken werden wird.

Grünt die Eiche vor der Esche,
gibt's im Sommer große Wäsche.
Grünt die Esche vor der Eiche,
gibt's im Sommer große Bleiche.

BAUERNREGEL

Die an Kohlenhydraten, Fetten und Proteinen reichen Früchte wurden zur sogenannten Eichelmast genutzt. Ab Ende September wurden Schweine in den Wald getrieben, damit sie sich mit dem leckeren, kostenlosen Futter Speck für den Winter anfressen konnten. In Franken haben sich wohl einige Bauern darauf zurückbesonnen und geben ihren Tieren inzwischen wieder entsprechenden Freilauf. Bekannt ist dieses Vorgehen auch aus Andalusien und der Extremadura, wo für den Schinken der freilaufenden Iberico-Schweine große Summen gezahlt werden.
Auch wir können die Eicheln zu vielerlei Nahrungszwecken nutzen. Gewässert und so teils von den herb schmeckenden, aber wasserlöslichen Gerbstoffen befreit, können sie als Mehlersatz für Breie und Kuchen hergenommen werden. Malz aus Eicheln eignet sich wegen der Kohlenhydrate auch wunderbar zum Bierbrauen.
Etwas ganz Besonderes ist der sogenannte *Muckefuck*. Dabei handelt es sich um geröstete Eicheln, die als Kaffeeersatz dienen und das garantiert koffeinfrei. Unsere Großeltern können sich vielleicht noch daran erinnern. Für viele nordamerikanische Indianerstämme waren Eicheln ein Grundnahrungsmittel.

Aufgrund des hohen Gerbstoffgehalts der Eiche kann die Rinde in Wasser aufbereitet als Gurgelwasser bei Zahnfleischproblemen und Halsschmerzen verwendet werden. Auch bei Fußschweiß, Erfrierungen und Durchfall kann sie erfolgreich eingesetzt werden.

Mitten in dem Wasserspiegel
Hob die Eiche sich empor,
Majestätisch Fürstensiegel
Solchem grünen Waldesflor;
Sieht sich selbst zu ihren Füßen,
Schaut den Himmel in der Flut:
So des Lebens zu genießen
Einsamkeit ist höchste Gut.

JOHANN WOLFGANG VON GOETHE (1749 – 1832)

Beeindruckende Eichengestalten sind in ganz Deutschland zu finden. Ein ganz besonderes Erlebnis bietet die Eichenallee zwischen Weßling und Seefeld in der Ammerseeregion. Mit ihren über zwei Kilometern Länge und 450 Bäumen, die etwa 200 Jahre sind, ist sie Deutschlands Rekordhalterin.

EICHELMEHL – NICHT NUR FÜR NOTZEITEN

Eicheln waschen, in einen Topf geben und mit Wasser bedeckt etwa 20 Minuten kochen. Nun das gerbstoffhaltige Wasser abgießen und die Eicheln schälen. Diese in einen Mixer geben und mit einer guten Portion frischem Wasser fein pürieren. Mittels eines Passiertuchs das Wasser auspressen. Das Püree probieren, ist es noch sehr bitter, den Vorgang wiederholen. Abschließend die Eichelmasse auf einem Backblech ausstreichen und gut trocknen lassen.
Aus Eichelmehl lassen sich feine Kekse, Brote, Süßspeisen oder auch deftige Aufstriche zubereiten.

MUCKEFUCK – EICHELKAFFEE

Eicheln schälen, in kaffeebohnengroße Stücke schneiden und im Backofen bei etwa 60 °C trocknen.
Werden diese trocken und dunkel in einem gut schließenden Gefäß aufbewahrt, sind sie mindestens ein Jahr haltbar.
Bei Bedarf einen Teil der Eicheln im Backofen bei ca. 120 °C mit Gebläse braun rösten.
Bitte gut aufpassen, die Eichelstückchen können sehr schnell verbrennen. Nach dem Rösten fein mahlen oder mörsern.
Pro Tasse 1 TL Eichelpulver und eine Espressotasse Wasser nehmen. Beides in einem Topf zum Kochen bringen, anschließend bei geringer Hitze 10 Minuten ziehen lassen und durch ein feines Sieb filtern.
Mit Sahne wird der Kaffee etwas milder.

EICHELVERMICELLES

(für 4 Personen)

ungewöhnlich und etwas aufwändig, aber unbedingt einen Versuch wert

250 g Eicheln
Saft ½ Orange
100 g Honig
1 TL Orangenlikör
1 Becher Sahne
1 EL Kakaopulver
Rosenblütenblätter als Garnitur

Die gewaschenen Eicheln in einen Topf geben und mit Wasser bedeckt etwa 20 Minuten kochen. Ein Teil der herb schmeckenden Gerbstoffe beginnen sich zu lösen. Anschließend das gerbstoffhaltige Kochwasser abgießen, die Eicheln schälen, in einen Mixer füllen, großzügig Wasser dazugeben und pürieren.

Die Masse in ein Passiertuch füllen und das Wasser auspressen. Das Eichelpüree probieren und sollte es noch zu herb schmecken, nochmals mit Wasser vermengen und wieder ausdrücken. Diesen Vorgang möglicherweise mehrmals wiederholen.

Dann das Eichelpüree mit Orangensaft, Honig und Likör vermengen, gegebenenfalls etwas nachsüßen. Die Masse durch eine Kartoffelpresse drücken.

Die langen Nudeln auf Desserttellern verteilen. Mit steifgeschlagener Sahne und Rosenblättern garnieren und mit Kakaopulver bestäubt servieren.

Weißdorn

(Crataegus L.)

regionale Volksnamen:
Hagedorn, Heckendorn, Mehlbeere, Mehlfässchen, Mehldorn, Schlafdorn, Saubeerl, Vogelbeer

»beschützend, umhüllend, umhegend«

Der Weißdorn ist ein Symbol für das Wiedererwachen der Natur. Nicht nur sein Alter von bis zu 500 Jahren, sondern auch seine Bedeutung in Schutzhecken hat ihn zur Grundlage vieler Sagen und Mythen werden lassen. Er ist wie alle dornigen Hecken der Großen Göttin geweiht. Seine Schnittfestigkeit und Undurchdringbarkeit wurden durch Viehverbiss nur noch verstärkt.
Regional unterschiedlich glaubte man, dass Böses und Krankheiten, Strigen, Vampire oder Hexen an seinen Dornen hängenbleiben

würden. Stofffetzen oder Haare in die Zweige geflochten sollen die Elfen veranlassen, gute Taten für die Besitzer zu tun. Kinderwiegen aus Weißdorn sollen verhindern, dass böse Feen die Kinder vertauschen.

Du bist der Weißdornstrauch.
Im Frühling kleidest du dich weiß,
zur Zeit der Ernte aber kleidest du dich blutrot.
Dem Schaf, das unter dir hinweggeht, rupfst du das Wollvlies.
So ziehe auch von diesem Menschen,
der durch das Tor (deiner Hecke) geht,
Böses, Unreines und den Zorn der Götter hinweg.

HETITISCHES GEBET (CA. 1.500 V. CHR.)

Es wird gesagt, dass sich König Artus zur Weihnachtszeit einen Weißdornzweig bringen ließ. Diese Tradition wird bis heute vom englischen Königshaus weiterverfolgt. Nach der Gralslegende hat Joseph von Arimathäa bei seiner Ankunft in Glastonbury seinen Wanderstab in die Erde gesteckt und es wuchs ein Hagedorn daraus. Jahrhundertelang soll dieser in der kleinen Kirche zweimal im Jahr, an Weihnachten und Ostern, geblüht haben. Interessanterweise gibt es in Glastonbury tatsächlichen einen Weißdorn mit den Namen Glastonbury Thorn, der einmal im Winter und ein zweites Mal im Frühjahr blüht.

Für die Menschen früher war neben der Schutzwirkung natürlich auch die Versorgung mit Lebensmitteln sehr wichtig. Und hier konnte die Mehlbeere durchaus einen Beitrag leisten. Wie der Name schon sagt, konnten die Früchte ab September geerntet, getrocknet und gemahlen werden. Man konnte damit Mehl strecken oder auch ganz ersetzen. Zudem kann man die Früchte roh, als Kompott oder Aufstrich genießen. Die Samen, geröstet und gemahlen ergeben einen durchaus genießbaren Kaffeeersatz. Junge Frühlingsblätter eignen sich für einen Salat, etwas ältere als Tee oder zur Herstellung eines Kräuterweins.

Sein medizinisches Potential wurde erst in der Mitte des 18. Jahrhunderts von einem irischen Arzt wahrgenommen und genauer untersucht.
In der Volksmedizin dient der Weißdorn als Beruhigungsmittel, zur Regulierung des Blutdruckes, hilft bei nervösen Herzrhythmusstörungen, leichter Herzinsuffizienz, bei der Nachbehandlung von Herzinfarkten. Ganz besonders förderlich ist er für das sogenannte Altersherz. Mittlerweile ist bekannt, dass vor allem Flavonoide, unter anderem Hyperosid, Rutin und oligomere Procyanidine (OPC), verantwortlich für diese sehr positive Wirkungen sind.

Wenn der Weißdorn blüht –
Wenn der Weißdorn blüht,
Wird's mir so helle im Gemüt! …
Flugs fließt mein Blut,
Und es sprießt mein Mut,
Als wäre die Welt mein eigen!
Wenn der Weißdorn blüht,
Wenn der Weißdorn blüht
Und die leuchtenden Büsche sich neigen.

KARL BLEIBTREU (1859 – 1928)

Gilt für alle folgenden Rezepturen: Erst nach längerer Einnahme setzt die hilfreiche Wirkung des Weißdorns ein. Nach Absetzen hält sie allerdings noch längere Zeit vor.
Bei Herzbeschwerden ist es ratsam, vor der Anwendung von Weißdorn Rücksprache mit dem Arzt zu halten.

WEISSDORN-AUFSTRICH

herzstärkend, immunstimulierend

125 g frische Weißdornfrüchte
125 g säuerlicher Apfel (z. B. Boskop)
4 EL Apfelsaft
3 EL Honig

Früchte waschen. Apfel klein würfeln und beim Weißdorn Stielchen und Blütenansätze abschneiden. Beides in Apfelsaft weichkochen. Fruchtmasse durch ein feines Sieb passieren, leicht abkühlen lassen und Honig unterrühren.

In der Volksheilkunde wird empfohlen bei Bedarf 1 EL täglich pur oder mit Brot zu essen.

Gekühlt etwa eine Woche haltbar.

HERZWEIN

leicht beruhigend und herzstärkend

500 ml Rotwein
½ Handvoll frische Weißdornfrüchte
½ Handvoll getrocknete Weißdornblüten und -blätter
1 EL getrocknete Melissenblätter
2 TL getrocknete Hopfenzapfen
2 EL Honig

Weißdornfrüchte waschen, Stielchen und Blütenansätze abschneiden. Früchte und Kräuter zum Wein geben und aufkochen. Abgedeckt 20 Minuten ziehen lassen und durch ein Sieb abgießen. Leicht abkühlen lassen und mit Honig süßen.

In der Volksheilkunde wird empfohlen, zur Stärkung des Herzens 1 bis 2 Stamperl täglich zu trinken.

Gekühlt etwa 2 Wochen haltbar.

WEISSDORN-TEE

leicht beruhigend und herzstärkend

1 gehäufter TL getrocknete Weißdornblätter, -blüten und -beeren
150 ml kochendes Wasser

Weißdorn mit kochendem Wasser übergießen, 20 Minuten abgedeckt ziehen lassen und dann abfiltern.

In der Volksheilkunde wird empfohlen, bei Bedarf 3 x täglich eine Tasse Tee zu trinken.

Tipp zum Ernten: Der Hagedorn ist Lebensraum für viele Tiere. Die obere Hälfte der Früchte gehört den Vögeln.

Der Weißdorn, das weiß jedes Kind, stärkt Herz und Nerven ganz geschwind!

VOLKSWEISHEIT

Die Natur erneuert sich unaufhörlich,
die Tausende von Tagen, die vergehen,
kehren in neuer Gestalt zurück.

Lerne, die Ewigkeit in jedem Augenblick zu erfassen.
Die Ewigkeit des Augenblicks ist wie ein reiner,
unveränderlicher Edelstein im Herzen der Welt.

INDIANISCHE WEISHEIT

Gewöhnliche Fichte

(Picea abies (L.) H. KARST.)

regionale Volksnamen:
Rot-Fichte, Rottanne

»bewahrend, behütend, ewiges Leben«

Trotz ihrer Symbolik als Weihnachtsbaum steht die Fichte auch für Leben, Hoffnung und die neugeborene Sonne und ist daher eine wunderbare Frühlingspflanze.
Wer hat noch nie eine Fichtenhecke im Mai bewundert? Überbordend voll mit gelbgrünen Austrieben, die sich zart in die Hand schmiegen. Schon bei geringem Druck wird das frisch duftende, ätherische Öl frei, das uns an ein entsprechendes Schaumbad erinnert.

Die immergrüne, bis zu 600 Jahre alt und bis zu 50 Metern hoch werdende Fichte galt für die mittelalterliche Mystikerin Hildegard von Bingen als Sinnbild innerer Kraft. In der Antike wurde nicht speziell zwischen Fichte und Tanne und anderen Nadelgehölzen unterschieden. Fichtenzweige galten bei den Römern als Trauerzeichen und wurden bei Todesfällen an den Türen angebracht. Auch durfte ein frischer Fichtenzweig auf einem Scheiterhaufen nicht fehlen. Interessanterweise werden der Fichte nicht nur in unseren Breiten magische Eigenschaften zugeschrieben. Für die Hopi-Indianer im Südwesten der USA ist sie der magischste aller Bäume.

Bei uns galt der spätere Weihnachtsbaum als bewahrender, weiblicher Baum. Dies führte dazu, dass man früher versuchte Krankheiten wie Rheuma oder Gicht in den Baumstamm zu verbannen. Dazu sollte man vor Tagesanbruch etwas Körpereigenes wie Haare oder Blut in einen Spalt des Baumes stecken und diesen mit Wachs verschließen.
Dazu musste folgender Zauberspruch aufgesagt werden:

Guten Morgen, Mutter Fichte,
ich hab die reißende Gichte,
ich hab sie gehabt dieses Jahr,
du sollst sie haben immerdar.

In Märchen und Sagen wird der Fichtenwald immer als düster dargestellt. So trafen hier Hänsel und Gretel auf die Hexe und Rotkäppchen den Wolf. Diese Dunkelheit kam auch in der alten Gaunersprache zum Ausdruck. So hieß *»jemanden hinters Licht führen«* auch *»einen in die Fichten führen«*. Der Geschädigte wurde dann ruckzuck zum Fichtner.

Auch die Tradition einer Richtkrone aus Fichtenzweigen beim Bau eines neuen Hauses ist nicht nur bei uns üblich. In China wurden durch ähnliche Traditionen böse Geister getäuscht, die beim Überflug glauben sollten, dass hier kein Haus sondern ein Wald steht.

Die größte mystische Bedeutung der Fichte hängt aber mit Weihnachten beziehungsweise dem Julfest zusammen. Der Weihnachtsbaum, so wie wir ihn kennen, ist erst seit etwa 150 Jahren üblich. Bis dahin gab es diesen Brauch nur bei den Wohlhabenden und der Baum hing, anders als heute, von der Decke. Es war auch üblich, bei großen Festen die Fußböden mit Fichtenzweigen auszulegen. Grundlage für den Weihnachtsbaum ist sicherlich die germanische Tradition, zum Julfest einen Block aus einer Fichtenwurzel auf dem Herd als Symbol für die Sonne zu entzünden.

Ein Fichtenbaum steht einsam
Im Norden auf kahler Höh'.
Ihn schläfert; mit weißer Decke
Umhüllen ihn Eis und Schnee.

Er träumt von einer Palme,
Die, fern im Morgenland,
Einsam und schweigend trauert
Auf brennender Felsenwand.

HEINRICH HEINE (1797 – 1856)

Die wertvollen Inhaltsstoffe der Fichte führten zu einem breiten, volksmedizinischen Anwendungsspektrum. Es finden sich Harze, Terpentinöle und ätherische Öle und speziell in den jungen Triebspitzen Vitamin C, Gerbstoffe und Zucker. Besonders der Maitrieb gilt als schleimlösend, auswurffördernd, muskelentspannend und durchblutungsstärkend.

Einsatzbereiche sind Atemwegserkrankungen, Skorbut und Muskelverspannungen. Verwendbar sind sie zur Inhalation, als Fichtenspitzenhonig, Tinktur oder Badezusatz. Auch zum Räuchern ist die Fichte beliebt. Es wird gesagt, dass sie vermittelnd auf den Körper des Menschen einwirken kann – und er so wieder seinen Platz finden kann.

Viel Spaß verspricht ein Familienwaldspaziergang mit genauer Untersuchung der Bäume und der Zapfen. Wie unterscheide ich eine Fichte von einer Tanne?

Ficht sticht – Tann' nicht!

SPRICHWORT

Merke: Zapfen, die am Boden liegen, stammen alle von der Fichte. Echte Tannenzapfen bleiben auf den Ästen und fallen nur schuppenweise ab.

Die fetthaltigen Samen in den Fichtenzapfen sind bei Tieren sehr beliebt. Dabei gibt es verschiedene Herangehensweisen.
Ordentlich abgenagte Zapfenspindeln stammen immer von der Waldmaus, unordentliche von den Eichhörnchen. Bis über 100 Stück verputzen sie täglich.

MAITRIEB-LIKÖR

(ergibt ca. 700 ml Fichtenspitzen-Likör)

100 g Fichtenmaitrieb
100 g weißer Kandiszucker
700 ml neutraler Trinkalkohol 38 Vol.-%

Im Mai den jungen, grünen Austrieb der unteren Fichtenzweige ernten. Dabei die Bäume schonen und jeweils nur ein paar Spitzen pro Pflanze pflücken.
Erntegut waschen und gut abtropfen lassen. Gemeinsam mit Zucker in eine weithalsige Schraubflasche geben und mit Alkohol auffüllen.
Bei Zimmertemperatur 3 Monate ziehen lassen und dabei gelegentlich aufschütteln. Dann filtern und noch ein halbes Jahr ruhen lassen.

FICHTENSPITZEN-SIRUP

hilfreich bei Erkältungen

frische Fichtenspitzen
Rohrohrzucker

Die Größe des Ansatzgefäßes gibt die Materialmenge vor.

Gereinigte Fichtenspitzen klein hacken. Abwechselnd mit Zucker schichtweise in ein weithalsiges Schraubglas füllen: Fichtenspitzen – 3 cm, Zucker – 2 cm.
Die einzelnen Schichten richtig fest zusammenpressen. Gut verschlossen 3 Wochen bei Zimmertemperatur ziehen lassen.
Dann filtern und in ein sauberes Schraubglas geben.

Die Volksheilkunde empfiehlt bei Bedarf 1 EL täglich pur oder in Tee gelöst einzunehmen.

Tipp: Mit Fichtenspitzen-Sirup bekommen Süßspeisen oder Prosecco ein interessantes Frühlingswaldaroma.

WÄRMENDES FICHTENNADEL-BAD

Waldfeeling pur – wunderbar an kühlen Frühlingsabenden
wirkt wärmend, schleimlösend und stärkt das Immunsystem, zudem hilfreich zur Vorbeugung oder bei beginnender Erkältung sowie bei Muskelschmerzen

10 kleine frisch geerntete Fichtenzweige
2 l Wasser
10 Tropfen naturreines ätherisches Fichtennadelöl nach Belieben

Gewaschene und abgetropfte Fichtenzweige in eine ausreichend große Schüssel legen und mit heißem Wasser übergießen.
Abgedeckt 10 Minuten ziehen lassen.
In der Zwischenzeit das Badewasser einlassen und temperieren. Fichtennadelauszug durch ein Sieb dem Wannenbad zugeben.
Um die Wirkung zu erhöhen kann ätherische Öl ins Wasser geträufelt werden.

Wannenbad ungefähr 20 Minuten genießen, abschließend abgetrocknet und schön eingepackt eine halbe Stunde ruhen.

Europäische Eibe

(Taxus baccata L.)

»schützend, wahrheitsliebend, traurig & fröhlich, tödlich & lebensrettend«

Die europäische, immergrüne Eibe ist ein Symbol für Tod und Ewigkeit. Wie alle Bäume bildet sie aber auch jedes Frühjahr neue, zartgrüne Triebe und beginnt einen neuen Jahreszyklus. Durch ihre große Austriebskraft kann sie das sehr oft wiederholen und ein sehr hohes Alter erreichen.
Die Kelten glaubten, dass es sich bei den Eiben um die langlebigsten Geschöpfe der Welt handelte. Für ihre Druiden gehörte sie zu den allerheiligsten Bäumen. Daher wurden aus ihr Wahrsage- und Zauberstäbe geschnitten. Sie waren auch davon überzeugt, dass vor der Eibe, also vor der Ewigkeit, weder Lug und Trug noch ein Zauber bestand haben würden: »Vor Eiben kann kein Zauber bleiben.«
Bei den Germanen gab es eine extra Rune

für die Eibe. Dieses Zeichen galt als der stärkste Schutzzauber. So sollte auch ein Stückchen Eibenholz als Amulett getragen vor Verhexung schützen.

Die Eibe
Schlägt an die Scheibe.
Ein Funkeln im Dunklen
Wie Götzendienst, wie Heidentraum
Blickt ins Fenster der Eibenbaum.

THEODOR FONTANE (1819 – 1898)

Begehrt war neben der Schutzwirkung das harte, aber trotzdem biegsame Holz. Dessen besondere Eigenschaften, wie zum Beispiel eine größere Fäulnisresistenz als Eichenholz, machte es früher zu einem sehr begehrten Produkt der Rüstungsindustrie. Bereits in der Steinzeit wurde das Holz zum Bau von Speeren, Pfeilen und Bögen genutzt. Eibenbögen mit einer Länge von bis zu zwei Metern, die sogenannten Langbögen gehörten zu den wichtigsten Waffen im mittelalterlichen England.

Jeder freie Mann sollte einen entsprechenden Bogen und Pfeile bereithalten. Das hatte natürlich ganz fatale Folgen. Die Eiben wurden in England und Schottland praktisch ausgerottet. Danach verlegte man sich auf Importe aus Europa. Die wichtigsten Exportländer waren neben Polen und Spanien die ganze Alpenregion.
Überall dort nahmen in der Folge die Bestände ebenfalls drastisch ab. Aus diesen Gründen ist es heute sehr schwierig einen größeren, zusammenhängenden Eibenbestand zu finden. Zum Glück wurde in Paterzell, in der Nähe von Wessobrunn in Oberbayern, schon vor gut 100 Jahren ein Überbleibsel unter strengen Schutz gestellt. So kann man heute dieses Naturdenkmal mit seinen jahrhundertealten Bäumen zu jeder Jahreszeit als kleines Wunder bestaunen. Gleiches gilt für das Eichsfeld in Thüringen.
Die älteste bekannte Eibe steht in Schottland, in Fortingall und bringt es wahrscheinlich auf stolze 3.000 Jahre.

Neben dem Holz ist auch das in der Eibe enthaltene Gift sehr besonders. In allen Pflanzenteilen, außer dem kräftig rot gefärbten Mantel des Samens, sind stark giftige Alkaloide und blausäurehaltige Glycoside enthalten. Das Eibengift wurde früher bei den Kelten als Pfeilgift verwendet. Auch in der griechischen Mythologie kam es zum Einsatz. Die Jagdgöttin Artemis rächte sich damit an den Töchtern der Niobe.

Volksmedizinisch wurde das Gift über Jahrhunderte hinweg bei Wurmbefall, Herzproblemen und bei Abtreibungen verwendet. Unter Beachtung der paracelsischen Grundregel »die Dosis macht das Gift« wird die Eibe in der Homöopathie zur Therapie von rheumatischen Erkrankungen, Nieren- und Blasenkrankheiten eingesetzt.

Relativ neu ist ihre Rolle bei der Bekämpfung von Krebs. Nach aktuelleren Erkenntnissen besitzt die Rinde der Pazifischen Eibe (Taxus brevifolia NUTT.) zytotoxische Eigenschaften. Allerdings müssen für ein Kilo des krebswirksamen Alkaloids namens Taxol 3.000 Eiben gefällt werden und leider steigt der Bedarf. Mittlerweile ist es gelungen, einen Wirkstoff auf halbsynthetischem Weg herzustellen. Dieser übertrifft alle Erwartungen im positiven Sinne und die Eibenbestände Nordamerikas sind erst einmal gerettet.

Für Pferde sind die Nadeln der Eibe tödlich giftig, während sie bei Rindern, Ziegen und Wild keine negativen Symptome auslösen. Gegenteilig wurde festgestellt, dass die Nadeln für Rehe eher stimulierend wirken, vergleichbar mit Tabak beim Menschen.
So hat dieser mystische Baum, der von den Galliern als Gott Ivavos verehrt wurde, auch seine zwei Seiten:
Für die einen gilt sie als Friedhofsbaum, geweiht dem germanischen Wintergott und Stiefsohn Thors, der im Eibental zuhause war, und andere sehen sie als sehr fröhlich.

Für die mittelalterliche Mystikerin und Heilgelehrte Hildegard von Bingen war die Eibe ein Sinnbild der Fröhlichkeit und sie empfahl bei Husten und Schnupfen den Rauch ihres Holzes einzuatmen.

... wenn es entzündet ist, schaden weder Dampf noch Rauch. Wenn jemand in seiner Nase und in seiner Brust ein Gebrechen hat, der atme den Rauch ein und die üblen Säfte verschwinden.

HILDEGARD VON BINGEN (1098 – 1179)

Register

Hinweis:
Das vorliegende Buch wurde sorgfältig erarbeitet. Dennoch erfolgen alle Angaben ohne Gewähr. Weder Autor noch Verlag können für eventuelle Nachteile oder Schäden, die aus dem Buch vorgestellten Informationen resultieren, eine Haftung übernehmen.

© Verlag Herder GmbH, Freiburg im Breisgau 2020
Alle Rechte vorbehalten

Umschlag und Design: griesbeckdesign, Dorothee Griesbeck, München
Satz und Layout: Christina Krutz, Biebesheim am Rhein

Bildnachweis:
Anastasiia Malinich/stock.adobe.com: 116; angry_red_cat/stock.adobe.com: Cover, 9, 41, 61; artemstepanov/stock.adobe.com: 38; arxichtu4ki/stock.adobe.com: 109; avoferten/stock.adobe.com: 30; Bildagentur Zoonar GmbH/Shutterstock.com: 46; by-studio/stock.adobe.com: Cover; cat_arch_angel/stock.adobe.com: Cover, 3, 9, 41, 61; Danil Bukharov/Shutterstock.com: 134; elen31/stock.adobe.com: 13, 18, 27, 28, 30, 34, 37, 45, 50, 53, 63, 67, 77, 87, 91, 99, 105, 115, 123, 141, 143; guykantawan/stock.adobe.com: 7, 10, 14, 20, 24, 30, 34, 38, 42, 46, 50, 54, 58, 64, 68, 72, 78, 82, 88, 92, 96, 100, 106, 110, 116, 120, 124, 128, 132, 134, 138, 144, 148; Ian 2010/stock.adobe.com: 78; iStock/Getty Images/ANGHI: 54; iStock/Getty Images/coramueller: 20; iStock/Getty Images/Daria Voskoboeva: 81; iStock/Getty Images/digihelion: 88; iStock/Getty Images/ElenaMedvedeva: 113; iStock/Getty Images/fermate: 53; iStock/Getty Images/fotolinchen: 131; iStock/Getty Images/gorsh13: 71; iStock/Getty Images/hekakoskinen: 120; iStock/Getty Images/jfoltyn: 103; iStock/Getty Images/karayuschij: 33; iStock/Getty Images/michieldb: 58; iStock/Getty Images/otomarekka: 64; iStock/Getty Images/pejft: 138; iStock/Getty Images/purplevine: 96; iStock/Getty Images/Roman Stasiuk: 128; iStock/Getty Images/SteveAllenPhoto: 150/151; iStock/Getty Images/vidguten: 147; Iva Vagnerova/Shutterstock.com: 148; Jelena Yukka/Shutterstock.com: 42; ldinka/stock.adobe.com: Cover, 41, 57; Monika Engelmann: 68, 142/143; Nataliia Melnychuk/Shutterstock.com: 82; Oleg1824f/stock.adobe.com: 24; Piman Khrutmuang/stock.adobe.com: Cover; Pixabay.com:13, 17, 18/19, 23, 27, 28/29, 37, 45, 49, 62/63, 67, 72, 74/75, 85, 86/87, 91, 92, 99, 104/105, 110, 114/115, 123, 124, 141; Przemyslaw Muszynski/Shutterstock.com: 50, 132; Ricantimages/Shutterstock.com: 34; Tatyana Kosinskaya/stock.adobe.com: gelber Hintergrund; taviphoto/stock.adobe.com: 144; tynza/stock.adobe.com: 10; vodolej/stock.adobe.com: 14; wasanajai/Shutterstock.com: 100; zzayko/stock.adobe.com: 5, 18, 28, 63, 77, 87, 105, 115, 143, 152/153; Дмитрий Поташкин/stock.adobe.com: 100

Herstellung: Graspo CZ, Zlín
Gedruckt auf umweltfreundlichem, chlorfrei gebleichtem Papier
Printed in the Czech Republic

ISBN 978-3-451-39963-3
www.herder.de

… So dacht ich: ist ein Geist erwacht,
Der alles so lebendig macht
Und der mit tausend schönen Waren
Und Blüten sich will offenbaren?
Ich wusste nicht, wie mir geschah,
Und wie das wurde, was ich sah.

Vielleicht beginnt ein neues Reich –
Der lockre Staub wird zum Gesträuch,
Der Baum nimmt tierische Gebärden,
Das Tier soll gar zum Menschen werden.
Ich wusste nicht, wie mir geschah,
Und wie das wurde, was ich sah. (…)

Uns barg der Wald vor Sonnenschein.
Das ist der Frühling, fiel mir ein.
Kurzum, ich sah, dass jetzt auf Erden
Die Menschen sollten Götter werden.
Nun wusst ich wohl, wie mir geschah,
Und wie das wurde, was ich sah.

NOVALIS (1772 – 1801)